ENTSCHEIDUNGEN

des

Ober-Seeamts und der Seeämter

des

Deutschen Reichs.

Herausgegeben
im
REICHSAMT DES INNERN.

Dritter Band.

5. Heft.

Hamburg.

Druck und Verlag von L. Friederichsen & Co.

1882.

Inhalt.

(Fortsetzung folgt auf der dritten Seite des Umschlags.)

132. Spruch des Seeamts zu Bremerhaven vom 14. Januar 1882, betreffend den Seeunfall des Schraubendampfers „Braunschweig“ von Bremen.

Schiff im Hafen von Bremerhaven liegend voll Wasser gelaufen und gesunken.

Der Spruch des Seeamts lautet:

Das Sinken des Dampfers »Braunschweig« in Folge Einlaufens von Wasser durch die Kohlenpforten ist wahrscheinlich dadurch verursacht, dass das Hinüberschaffen von Ladung nach Steuerbord kurz vor der Katastrophe unter Mitwirkung des gleichzeitigen Ablegens eines der Schleppkähne an Backbord dem Schiffe eine auf demselben unbeachtet gebliebene kleine Schlagseite nach Steuerbord gegeben hat, dass in Folge dessen der untere Rand der hinteren Kohlenpforten etwas unter den Wasserspiegel gekommen, sodann erst allmälig etwas Wasser eingelaufen und durch dasselbe darauf ein gänzliches Ueberfallen des Schiffes nach Steuerbord und das Volllaufen desselben herbeigeführt ist.

Gründe. Der dem Norddeutschen Lloyd gehörende Dampfer »Braunschweig«, welcher am 24. December 1881 nach Brasilien in See gehen sollte, ist am genannten Tage Morgens etwas nach 7 Uhr, während er noch im Hafen fest lag, voll Wasser gelaufen und gesunken.

Der Liegeplatz befand sich im neuen Hafen von Bremerhaven gegenüber der Lloydhalle. Das Schiff lag mit der Steuerbordseite nach Land zu und war hinten durch 2 Ketten, vorn durch 1 Kette, ausserdem durch verschiedene Trossen am Lande befestigt. Während der Nacht vom 23./24. December war der Schiffer auf ertheilten Urlaub von Bord, desgleichen der erste Steuermann. Der zweite Steuermann Rötger und der dritte Steuermann Ahrens hatten die Wache.

Am Abend des 23. December wurde bis 11 Uhr an dem Einnehmen von Kohlen gearbeitet und waren danach etwa 900 Tons Kohlen eingenommen. Mit Einnahme des Restes von etwa 150 Tons sollte am andern Morgen um 7 Uhr fortgefahren werden. Von den eingenommenen Kohlen waren 20 Tons im Zwischendeck und zwar hauptsächlich an der Backbordseite verladen, die übrigen waren in den verschiedenen Kohlenbunkern untergebracht. Von den noch einzunehmenden 150 Tons waren 80 Tons für das Zwischendeck bestimmt, während der Rest auf die verschiedenen, sämmtlich noch nicht ganz gefüllten Kohlenbunker vertheilt werden sollten.

Der »Braunschweig« hat nach Angabe des Schiffers Pohle folgende Kohlenbunker: 2 vor dem Kesselraum, 2 hinter dem Kesselraum, an jeder Seite der Maschine 1 Bunker (Reservebunker) und vorn im Laderaum 1 Reservebunker für die Ausreise. An jeder Seite des Schiffes befinden sich in gleicher Höhe 4 Kohlenpforten. Die Einnahme der Kohlen erfolgte im vorliegenden Falle durch die nach Steuerbord belegenen Pforten. Um die Pforten frei zu halten, mussten die Kohlen nach der Einnahme möglichst auf die Backbordseite hinübergeschafft werden. Bei dem Einnehmen der Ladung ist auf diesen Umstand Rücksicht zu nehmen. Während der Nacht zum 24. December wurden die Pforten offen gelassen. Dies entspricht, wie von mehreren der vernommenen Personen bezeugt ist, dem herrschenden Gebrauch, wonach die Kohlenpforten nicht eher geschlossen werden, als bis alle Kohlen an Bord sind.

Das Einnehmen von Kohlen geschieht durch Arbeiter vom Lande unter specieller Leitung eines Vormannes — im vorliegenden Falle des Vorarbeiters Hartig —, doch ist es Sache des mit der Annahme der Ladung beauftragten II. Steuermanns, eventuell aber des wachthabenden Steuermanns darauf zu achten, dass das Schiff durch das Einnehmen der Kohlen nicht schief zu liegen kommt, auch ist derselbe dafür verantwortlich, dass die Kohlenpforten rechtzeitig geschlossen werden. Zu dem letzteren Zwecke hat derselbe den Tiefgang des Schiffes zu controliren und eventuell das Dichten der Pforten anzuordnen. Speziell auf die Kohlenpforten zu achten und das Dichten derselben nach vorheriger Einholung eines Befehls des betreffenden Steuermanns vorzunehmen hat der I. Zimmermann. Letzterem wird auch seitens der Kohlenarbeiter Mittheilung gemacht, wenn während des Einnehmens der Kohlen der Tiefgang zu gross wird. Der eigentlich Verantwortliche ist aber immer der II. bezw. der wachthabende Steuermann.

Der Verschluss der Kohlenpforten wird durch Eisenplatten gebildet, welche ringsum mittelst Schrauben am Schiffe befestigt werden. Sollen die Kohlenpforten geöffnet werden, so werden die Eisenplatten abgeschraubt und mit Tauen an Deck gezogen. Dort bleiben sie dann so lange liegen, bis die Pforten wieder geschlossen werden sollen. So ist auch im vorliegenden Falle verfahren. Nach Aussage des I. Zimmermanns Blohme erfordert das ordnungsmässige Dichten der Pforten 30 bis 45 Minuten, dagegen ist in Nothfällen das provisorische Dichten einer Pforte in etwa 10 Minuten möglich.

Nach fernerer Angabe des Zimmermanns Blohme hat derselbe am 23. December Abends 10½ Uhr nach den Kohlenpforten gesehen und bemerkt, dass dieselben noch 2½ bis 3 Fuss über Wasser waren. Nachher hat derselbe nicht weiter nachgesehen, dagegen hat der II. Steuermann Rötger seiner Angabe zufolge am 24. December Morgens 6¼ Uhr gesehen, dass der untere Rand der hintersten Kohlenpforte noch etwa 1 Fuss über Wasser sei.

Die Kohlentrichter waren während der Nacht in den Pforten stecken geblieben. Dieselben standen, wie durch mehrere Zeugen bekundet ist, am Morgen des 24. December kurz vor dem Unfall theils mit dem Quairande etwa in gleicher Höhe theils niedriger als derselbe und waren eben von dem Quai frei. Der »Braunschweig« muss hiernach, da die Trichter nach einer seitens des Seeamts vorgenommenen Messung eine Breite von 2½ Fuss englisch haben, um jene Zeit mindestens um ein gleiches Mass von dem Quai entfernt gelegen haben. Der II. Officier hat den Abstand sogar auf 5 bis 6 Fuss taxirt, jedoch ist diese Schätzung augenscheinlich zu hoch.

Am 23. December und in der Nacht zum 24. December wurde ununterbrochen bei dem Einnehmen von Ladung gearbeitet. Bis zur Nacht wurde Ladung von Land eingenommen, während der Nacht dagegen nur auf der Backbordseite aus Kähnen, zuletzt aus den Schleppkähnen No. 21 und 35. Von diesen lag der Kahn No. 21 vorn an dem »Braunschweig« und war vorn und hinten durch je eine Leine befestigt, während sich zugleich in der Mitte eine Ladegosse befand und derartig mit dem »Braunschweig« verbunden war, dass sie den Kahn selbst dann vollständig festhielt, wenn die Leinen etwa nicht steif waren. Der hinten liegende Kahn No. 35 war mit 4 Leinen, welche sämmtlich etwa die Dicke eines Daumens hatten, an dem »Braunschweig« befestigt, und zwar derart, dass sich hinten und vorn je ein Tau befand und dass zwei Taue quer herüber gezogen waren, die letzteren ausschliesslich um die Schiffe an einander zu halten. Nach Angabe des Steuermanns Gille und des Anschreibers Johanns hat der Kahn, abgesehen davon, dass durch die zwischenliegende Ladegosse des »Braunschweig« ein Zwischenraum von etwa ½ Fuss gebildet wurde, immer steif am Dampfer gelegen. Durch eine Ladegosse wurde dieser Kahn nicht festgehalten, da die Ladung ohne Benutzung einer solchen übergeladen wurde.

Die Einnahme der Ladung wurde vom zweiten Steuermann bezw. unter dessen Aufsicht vom dritten Steuermann controlirt, dieselben waren jedoch nicht immer beim Verladen zugegen, sondern gingen ab und zu, legten sich auch zeitweilig schlafen; insbesondere hat der dritte Steuermann sich um 3 Uhr Nachts schlafen gelegt und ist dann um 7 Uhr wieder auf Deck gekommen. In Betreff des zweiten Steuermanns ist hervorzuheben, dass derselbe sich gegen 6½ Uhr Morgens nach unten begeben hat, um schriftliche Arbeiten zu besorgen. Die specielle Aufsicht über das Einnehmen und das Unterbringen der Ladung hatte der Vorarbeiter Hohnhorst.

Nach Angabe der beiden genannten Steuerleute und des Vorarbeiters Hohnhorst ist die eingenommene Ladung mit Ausnahme von etwa 20 Fässern Taback, welche unverstaut hinten im Zwischendeck auf beiden Seiten vertheilt gestanden haben, ordnungsmässig und gleichmässig verstaut worden. An Steuerbordseite wurde mehr Ladung untergebracht, um die dadurch, dass der grössere Theil der Kohlen sich an Backbord befand, entstandene Differenz auszugleichen. Die schweren Sachen wurden vorzugsweise im unteren Raum untergebracht, so dass der Schwerpunkt des Schiffes unten war.

Wie viel Ladung im ganzen bis zum Morgen des 24. Dezember eingenommen ist, ist nicht genau festgestellt. Während der Nacht wurde eingenommen aus dem Schleppkahn No. 21: 185 Fass Zucker, 40 Kisten mit Bier, 90 Kisten Manufakturwaaren und 449 Bund Draht, aus dem Kahn No. 39: etwa 670 Demijohns, 200 Fass Nägel und eine Quantität Eisendraht.

Aus dem Kahn No. 21 wurde bis gegen 7 Uhr Morgens Ladung übergenommen. Derselbe legte sodann eben vor 7 Uhr von dem »Braunschweig« ab, um zu verholen. Das Verholen dauert etwa 5 Minuten und war noch nicht völlig ausgeführt, als zuerst gerufen wurde, dass Wasser in den »Braunschweig« einlaufe (Zeugniss von Kriete und Bracksmann). Aus dem Kahn No. 39 wurde bis 7 Uhr geladen. Genau um diese Stunde trat eine Unterbrechung ein, weil eine Ablösung der Arbeiter stattfinden sollte (Zeugniss von

Gille und Johanns). Nach Aussage des Vorarbeiters Hohnhorst ist auf dem »Braunschweig« gleichfalls bis 7 Uhr Draht nach der Steuerbordseite hinübergeschafft worden.

In der Nacht zwischen 2 und 3 Uhr hat das Schiff »Braunschweig« der Aussage des Vorarbeiters Hohnhorst zufolge eine Schlagseite nach Backbord gehabt, ist dann aber wieder gerade gekommen. Dass das Schiff während der Nacht oder am Morgen des 24. December eine Schlagseite nach Steuerbord gehabt habe, ist weder von den beiden wachthabenden Steuerleuten noch von dem Vorarbeiter Hohnhorst bemerkt, dagegen hat der Vorarbeiter Hartig ausgesagt, dass am Morgen um 7 Uhr, als er zur Arbeit gekommen sei, das Schiff etwas nach Steuerbord gelegen habe, und auch der Arbeiter Garvelmann glaubt dies zu der nämlichen Stunde bemerkt zu haben.

Der Tiefgang des Schiffes wurde während der Nacht zum 24. December mehrfach beachtet. Eine um 5½ Uhr vom Vorarbeiter Hohnhorst unter Mitnahme einer Laterne angestellte Beobachtung ergab, dass der Tiefgang vorn gut 16 Fuss betrug und dass hinten die Zahl 20 nicht mehr zu sehen war. Die letzte Beobachtung erfolgte um 6¼ Uhr Morgens durch den zweiten Steuermann und wurde dabei der Tiefgang hinten auf etwa 20 Fuss 9 Zoll und vorn auf etwa 16 Fuss 6 Zoll festgestellt.

Die für das Einbringen der Kohlen angestellten Arbeiter hatten sich um 7 Uhr Morgens zur Fortsetzung ihrer Arbeiten wieder einzufinden. Von 2 dieser Arbeiter, Hillmann und Garvelmann, wurde ihrer Aussage zufolge, als sie eben vor 7 Uhr zum »Braunschweig« kamen, die Beobachtung gemacht, dass die Trichter an den beiden hinteren Pforten ein wenig unter Wasser waren und dass etwas Wasser durch die Pforten lief (»sickerte«). Garvelmann eilte an Bord, theilte seine Beobachtung dem Bootsmann mit und dieser machte dann Lärm. Die an dem Quai zurückgebliebenen anderen Arbeiter hatten inzwischen Anstalten gemacht, das Schiff abzubäumen, damit die Trichter herausgezogen werden könnten, doch waren sie noch nicht einmal mit den Vorbereitungen fertig, als das Schiff plötzlich stark nach Steuerbord überfiel. Von dem Augenblick, wo die Arbeiter das Einsickern des Wassers zuerst bemerkten, bis zum Umkippen des »Braunschweig« sind nach Angabe von Garvelmann 5 bis 6 Minuten, nach Angabe von Hillmann 3 bis 4 Minuten verflossen. Während dieser Zeit hatte sich das Schiff ganz allmälig um etwas 1 Fuss weiter nach Steuerbord geneigt.

Auf dem »Braunschweig« wurden, als der Ruf »es dringt Wasser in das Schiff« laut wurde, auf Anordnung des zweiten Stenermanns sofort die Pumpen angestellt und ferner der Versuch gemacht, die Pforten durch Bretter, Matratzen und dergleichen zu dichten, letzteres jedoch ohne Erfolg. Gleichfalls erfolglos war das angeordnete Ueberrollen der Fässer von Steuerbord nach Backbord, da die Fässer in Folge der schiefen Lage des Schiffes nach Steuerbord zurückrollten.

Nachdem das Schiff etwa 20 Minuten lang nach Steuerbord übergelegen hatte und ziemlich voll Wasser gelaufen war, glitt dasselbe weiter von dem Quai ab und richtete sich wieder auf. Gleichzeitig brachen die Ketten. Die den Kahn No. 35 mit dem »Braunschweig« verbindenden beiden Querleinen waren bereits gleich nach 7 Uhr bei dem Ueberneigen des Dampfers nach Steuerbord gerissen.

In der Maschine befand sich zur Zeit der Katastrophe der wachthabende vierte Maschinist Bahle. Nach Aussage desselben hat das Schiff 3 Doppelkessel, welche längsschiffs dergestalt neben einander liegen, dass zwischen den Schiffswänden und den Aussenkesseln Gänge frei bleiben, welche zwar nicht sehr breit, aber noch gut passirbar sind. Alle Kessel waren bereits am 23. December gefüllt worden. Die Seehähne waren zur Zeit des Unfalls sämmtlich geschlossen mit Ausnahme von 4, welche zu den Pumpen an Deck führten.

Am 24. December war um 3 Uhr Hochwasser. Die Schleusen waren zur Zeit des Unfalls geschlossen. Der Hafenwasserstand betrug nach der von der Hafenbaudirektion ertheilten Auskunft um 7 Uhr Morgens 3,25 Meter über Null. Der Nullpunkt beträgt 14 Fuss bremisch.

Nach weiterer Auskunft der Hafenbaudirektion und nach Aussage des vor dem Seeamt vernommenen Baggerführers Timmermann wird an der Stelle, wo der »Braunschweig« gelegen hat, jährlich einmal gebaggert. Zuletzt ist dies in der Zeit vom 9. bis 15. September 1881 geschehen, und ist dabei eine Tiefe von etwa 2 Fuss unter der normalen Hafensohle bezw. unter Null der Schleusentiefe hergestellt worden, Dies ist, da die Schleusentiefe 14 Fuss unter Null beträgt, gleichbedeutend mit 16 Fuss unter Null. Seit jener Zeit kann nach Ansicht des pp. Timmermann an der betreffenden Stelle höchstens eine Schlickablagerung von 6 bis 8 Zoll stattgefunden haben. Wie derselbe ferner angiebt, beträgt die Schlickhöhe, welche sich im Laufe eines ganzen Jahres ansetzt, an dieser

Stelle 4 bis 4½ Fuss und bleibt dies Verhältniss sich stets gleich. An einzelnen Ssellen des Hafens, wo sich Kohlenabfälle ansammeln können oder wo die Hauptströmung sich befindet, ist die Ablagerung eine grössere, und wird deshalb häufiger gebaggert. Bei dem Baggern kommt der Dampfbagger bis zu 14 Fuss an den Quai heran.

Ueber die Beschaffenheit des Liegeplatzes des »Braunschweig« sind auf Anregung des Seeamtes am 30. December durch die Hafenbaudirektion hierselbst Vermessungen angestellt worden, und zwar namentlich in der Mitte des Liegeplatzes, wo der Dampfer die grösste Breite hat. Das Resultat der Messungen ist in eine auf dem Hafenbaubüreau angefertigte Zeichnung eingetragen. In dieselbe ist ferner das Profil des »Braunschweig« nach der grössten Breite — Nullspant — nach Angaben des Lloyd-Ingenieurs Müller unter Zugrundelegung eines mittleren Tiefganges von 18½ Fuss englisch = 5,64 Meter eingezeichnet. Durch eine Vergleichung mit der auf Requisition des Seeamts seitens des hiesigen Lloydbüreau eingesandten Zeichnung von dem Hauptspant des Dampfers »Braunschweig« hat das Seeamt sich überzeugt, dass das Profil des Dampfers richtig in die Zeichnung des Hafenbaubüreau eingetragen ist. Zu letzterer ist noch zu bemerken, dass bei derselben die Entfernung des »Braunschweig« von dem Quai auf etwa 1½ Fuss angenommen ist. Hinsichtlich des Resultats der Messungen im Einzelnen ist auf die vorliegende Zeichnung Bezug zu nehmen.

Das Seeamt hat durch eine am 31. Dezember vorgenommene Augenscheinseinnahme festgestellt, dass der Dampfer »Braunschweig« an diesem Tage hinten 16′ 4″ und vorn 12′ 7″ Tiefgang hatte und dass gleichzeitig der untere Rand der hintersten Kohlenpforte sich 5′ ½″ oberhalb des Wasserspiegels befand.

In Betreff der Ursachen des Unfalls ist Seitens einiger der vernommenen Personen die Vermuthung ausgesprochen, dass das Schiff auf einer Schlickbank festgesessen habe und von dieser abgerutscht sei. Schiffer Pohle und der zweite Steuermann Rötger haben sich ferner dahin geäussert, dass das Abrutschen durch das Abbäumen des Schiffes Seitens der Kohlenarbeiter verursacht sein werde, eine Vermuthung, welche ohne weiteres dadurch widerlegt wird, dass nach Aussage der vernommenen Kohlenarbeiter das Schiff gar nicht abgebäumt ist. Nach Angabe einiger der vernommenen Personen soll es übrigens früher schon einige Male vorgekommen sein, dass Schiffe im Hafen auf Grund gesessen haben, namentlich dann, wenn nicht viel Wasser im Hafen war. Zu bemerken ist, dass der »Braunschweig« unten breiter als die meisten andern Lloydschiffe ist.

Das Seeamt kann sich der Ansicht, dass das Schiff auf einer Schlickbank gesessen habe und abgerutscht sei, nicht anschliessen. Dass Schiffe schon mehrfach im Hafen auf Grund gesessen haben, mag immerhin richtig sein, im vorliegenden Falle müssen aber bei Prüfung der Frage, ob der »Braunschweig« festgesessen hat, die amtlich von der Hafenbaudirektion kurze Zeit nach dem Unfall vorgenommenen Messungen massgebend sein, nach diesem ist aber die Möglichkeit eines Festsitzens völlig ausgeschlossen. Es ist dabei zu berücksichtigen, dass zwar der Tiefgang des Schiffes zur Zeit des Unfalls hinten erheblich grösser war, als der auf der Zeichnung angenommene mittlere Tiefgang von 18½ Fuss, dagegen kommt jedoch in Betracht, dass einerseits die Kimmen des Schiffes hinten erheblich weiter zurücktreten als beim Nullspant und dass andrerseits auf der Zeichnung die Entfernung des Schiffes von dem Quai nur zu etwa 1½ Fuss angenommen ist, während sie nach den Zeugenaussagen in Wirklichkeit mindestens 2½ Fuss betragen hat. Wird diesen beiden letzteren Umständen Rechnung getragen, so kann bei den ermittelten Tiefen der »Braunschweig« nicht auf Grund gewesen sein.

Das eben Gesagte wird um so eher als zutreffend angesehen werden dürfen, als die sonstigen Umstände, wenn auch nicht mit Sicherheit so doch mit einiger Wahrscheinlichkeit eine Erklärung über den Zusammenhang geben. In dieser Beziehung kommt Folgendes in Betracht:

Zunächst ist hervorzuheben, dass, wenn der untere Rand der hintersten Kohlenpforte bei einem Tiefgange des Schiffes von hinten 16′ 4″ und vorn 12′ 7″ sich 5′ ½″ vom Wasserspiegel entfernt befindet — wie dies vom Seeamt constatirt ist, — die Entfernung desselben vom Wasserspiegel bei einem Tiefgang von 20′ 9″ hinten und 16′ 6″ vorn nur ungefähr 5″ betragen haben kann, wobei natürlich Voraussetzung ist, dass das Schiff vollständig grade liegt. Die Angabe des zweiten Steuermanns, dass um 6¼ Uhr Morgens der untere Rand der hintersten Kohlenpforte noch etwa 1 Fuss von der Wasserfläche entfernt gewesen sei, kann hiernach nicht richtig sein. Es steht nun fest, dass nach der Zeit, wo der mitgetheilte Tiefgang constatirt worden (6¼ Uhr Morgens), noch Ladung eingenommen und dass grade in der letzten Zeit vor der Katastrophe, nämlich noch bis 7 Uhr, Ladung (Draht) nach der Steuerbordseite hinübergeschafft ist. Sodann kommt in Betracht, dass der Kahn No. 21, welcher vorher am Dampfer festlag und dadurch vermuthlich einen geringen Druck nach Backbord auf den Dampfer ausübte, eben vor 7 Uhr zum Verholen abgelegt hat. Ferner ist in Berücksichtigung zu ziehen, dass in Folge der grossen Breite des Schiffes eine kleine Schlagseite sehr rasch entstehen und dass eine solche beim Dunkel der Nacht leicht unbemerkt bleiben konnte, dies um so mehr, als während der letzten halben Stunde vor der Katastrophe keiner der wächthabenden Steuerleute auf Deck gewesen ist und auf die Lage des Schiffes geachtet hat. Endlich ist noch hervorzuheben, dass sowohl der Vorarbeiter Hartig als auch der Arbeiter Garvelmann mit ziemlicher Bestimmtheit ausgesagt haben, dass das Schiff um 7 Uhr etwas dem Quai zu geneigt gelegen habe.

Man wird sich nach dem Gesagten der Ansicht nicht verschliessen können, dass das Schiff wahrscheinlich durch das Hinüberschaffen von Ladung nach Steuerbord kurz vor der Katastrophe unter Mitwirkung des Ablegens des einen Schleppkahnes eine kleine Schlagseite nach Steuerbord erhalten hat, dass in Folge dessen der so wie so nur noch etwa 5" vom Wasserspiegel entfernt gewesene untere Rand der hinteren Kohlenpforten etwas unter den Wasserspiegel gekommen, dann allmälig Wasser eingeströmt und das Schiff unter Einwirkung des eingelaufenen Wassers ganz nach Steuerbord übergefallen ist. Für diese letztere Ansicht und gegen ein Abrutschen des Schiffes von einer Schlickbank spricht auch schon der Verlauf des Vorfalls, indem das Schiff sich nämlich erst etwa 5 Minuten hindurch nur ganz allmälig — im Ganzen etwa 1 Fuss — nach Steuerbord geneigt hat und dann erst mit einem Mal stark nach Steuerbord übergefallen ist.

Die eben angeführten Umstände, welche wahrscheinlich den Unfall verursacht haben, waren, wie nicht zu verkennen ist, solche, welche bei Anwendung grösserer Sorgfalt hätten vermieden werden können. Es ist namentlich hervorzuheben, dass es während der fraglichen Nacht an einer ununterbrochenen Oberaufsicht gefehlt hat, dass eine solche aber während des Einnehmens von Gütern stets vorhanden sein sollte. Das Seeamt sieht sich nichts destoweniger nicht in der Lage, gegen eine bestimmte Person, insbesondere die beiden wachthabenden Steuerleute, einen direkten Tadel auszusprechen, da von denselben angegeben und von Schiffer Pohle bestätigt wird, dass die Steuerleute zwar im Allgemeinen das Einnehmen und Unterbringen der Ladung beaufsichtigen sollen, aber nicht fortwährend dabei zugegen zu sein brauchen, da ferner auch die von der hiesigen Lloydagentur requirirte Instruktion für die Bediensteten des Norddeutschen Lloyd nicht ergiebt, dass die wachthabenden Steuerleute instruktionswidrig gehandelt haben.

Dass das Schiff hinten tiefer geladen wurde als vorn, erklärt sich dadurch, dass das Einnehmen und Löschen von Ladung in den auf der Reise anzulaufenden Plätzen eine Trennung der Güter nothwendig macht und dass in Bordeaux noch weitere Güter eingenommen werden sollten, für welche vorn Raum frei gehalten wurde. Dies ist nicht zu missbilligen.

In Betreff der bei dem Eintritt des Unfalls getroffenen Anordnungen liegt kein Anlass zu Bemerkungen vor.

133. Spruch des Seeamts zu Stralsund vom 18. Januar 1882, betreffend den Seeunfall des Schooners „Oberon" von Stralsund.

Der Spruch des Seeamts lautet:

dass der Seeunfall, bei welchem der Schooner »Oberon« von Stralsund am 5. Juli 1881 auf der Barre vor Aracaty auf Grund gerathen und wrack geworden, dadurch verursacht worden ist, dass in Folge eines durch den Seegang verursachten Lecks und der widrigen Strömungs- und Windverhältnisse der Schiffer Grünwaldt Aracaty als Nothhafen hat nehmen müssen und bei der Einfahrt in diesen Hafen durch die Unvorsichtigkeit des Lootsen festgerathen ist.

Gründe. Der Stralsunder Schooner »Oberon« Unterscheidungssignal JLGF hat auf der Reise von Hâvre nach Rio Grande do Sul auf Aracaty an der Nordküste Brasiliens als Nothhafen abgehalten und ist am 5. Juli 1881 bei der Einfahrt in diesen Hafen auf der Barre gestrandet und wrack geworden. Die aus dem Schiffer für grosse Fahrt Grünwaldt, dem Steuermann für grosse Fahrt Medow und 6 Mann bestehende Besatzung, sowie die Ehefrau des Schiffers ist gerettet. Von der Ladung sind die Stückgüter, soweit sie nicht bereits auf der Fahrt geworfen, in havarirtem Zustande geborgen, die Steinkohlen verloren gegangen.

Ueber die Reise und den zur Untersuchung stehenden See-Unfall ist aus dem Journal, der von der gesammten Besatzung vor dem Schwedisch-Norwegischen Consul zu Aracaty eidlich abgelegten Verklarung und der mündlichen Verhandlung vor dem Seeamte Folgendes festgestellt worden:

Der »Oberon« verliess am 6. April 1881 den Hafen von Hâvre. Gleich am Anfange der Reise hatte das Schiff mit Stürmen zu kämpfen; am Aussegelungstage Nachmittags war NO Sturm, Sturzseen schlugen über Deck und zerbrachen von den auf Deck geladenen Kisten mit Säuren einige, so dass 11 Kisten geworfen werden mussten, damit nicht das Schiff in Brand kam. Wegen Abwendung derselben Gefahr wurde am 11. April bei WSW Sturm der Rest dieser Kisten — 20 Stück — geworfen. Bis Mitte Mai verlief die Reise günstig. Dann trat auf ungefähr 5° nördlicher Breite und 20° westlicher Länge Windstille ein, welche — nur ab und an durch leichte südliche Winde unterbrochen — das Schiff einen Monat lang fast auf derselben Stelle hielt. Während derselben war oft rauhe, hohe See aus verschiedenen Richtungen. Am 19. Mai traf eine schwere Boe das Schiff, so dass die Schooten gekappt werden mussten und Gross-, Bram-, beide Mars-Segel und Klüver verloren gingen. Seit 30. Mai wurde eine starke nordwestliche Strömung beobachtet, die später ab und an wechselte, vom 10. Juni ab aber beständig nach West bezw. NW lief und zeitweise bis auf 60 Seemeilen im Etmal sich steigerte. Am 16. Juni Mitternachts wurde der auffallende Wasserstand von 17 Zoll bei den Pumpen gepeilt und seitdem musste auf jeder Wache mehrmals gepumpt werden, um lenz Schiff zu bekommen, am 18. Morgens machte das Schiff mehr Wasser, so dass im Schiffsrath beschlossen wurde, von der Ladung zu werfen, um möglicherweise den Leck über Wasser zu bekommen. Nach Werfung von 10 bis 12 Tons Kohlen war das Schiff um ½ Fuss gelichtet, der Wasserzufluss blieb aber derselbe. Am 20. Juni wurde auf 33° 30′ westlicher Länge der Aequator passirt. Wegen des meist südöstlichen schwachen Windes und der westlichen Strömung kam das Schiff wenig vorwärts, während der Wasserzufluss bei der meist hohen, durcheinander laufenden See eher zunahm, so dass am 25. Juni 18 Zoll Wasser abgepumpt wurden. Am 29. Juni näherte sich das Schiff der brasilianischen Küste und um 5 Uhr Nachmittags kam im SSW auf 18 Seemeilen Abstand Cap St. Roque in Sicht. Bei dem harten SO Winde gelang es nicht, das Cap zu dubliren. Desswegen und wegen der durch fortgesetztes Pumpen verursachten Erschöpfung der Mannschaft wurde im Schiffsrath beschlossen, Aracaty anzulaufen, und am 3. Juli Mitternachts dahin abgehalten. Am 4. Juli bei Tagesanbruch kam die Küste in Sicht. Um 10 Uhr Vormittags wurde ein Fischer an Bord genommen, um über den Wasserstand auf der Barre von Aracaty Erkundigungen einzuziehen. Abends 6 Uhr wurde unter Punta Grossa zu Anker gegangen. Am 5. Juli Morgens 4 Uhr wurden Anker aufgenommen und der »Oberon« segelte der Barre zu; um 10 Uhr Vormittags kam auf das Lootsensignal ein Lootse an Bord. Derselbe gab den Wasserstand der Barre auf 17 Palanen gleich 12 Fuss 9 Zoll englisch an. Es wurde desswegen bei einem grössten Tiefgange des Schiffes von 10 Fuss 5 Zoll englisch hinten und mässigem Seegange beschlossen, die Barre zu passiren. Auf der Barre angekommen, stiess das Schiff durch, gehorchte zwar noch dem Ruder, stiess dann aber wiederholt auf und blieb endlich feststehen, nachdem es durch zunehmenden Wind und Seegang an die Nordseite der Barre in die stärkste Brandung getrieben war. Segelmanöver erwiesen sich als fruchtlos; Anker auszubringen, war nicht möglich, da wegen der Brandung das Grossboot nicht ausgesetzt werden konnte. Der Schiffer begab sich deswegen auf einem Floss an Land, um Hülfe zu holen, nachdem er für alle Eventualitäten ein gleiches Floss beim Schiffe gelassen hatte. Die Brandung brach über das Verdeck und nach wenigen Stunden waren 2 Fuss Wasser im Raum. Nach der Anordnung der Besichtigungs-Commission wurde mit der Bergung der Ladung begonnen; am nächsten Tage war der »Oberon« schon voll Wasser und wurde dann für total wrack erklärt.

Bei Untersuchung des Seeunfalls hat das Seeamt die Fragen einer Prüfung unterwerfen müssen:

1. ob der »Oberon« die Reise in seetüchtigem Zustande angetreten hat,
2. ob hinreichender Grund vorlag, die Reise zu unterbrechen und Aracaty als Nothhafen zu wählen, und
3. durch welche Ursachen der Untergang des Schiffes bewirkt worden ist.

Die Frage zu 1 ist vom Seeamte bejaht worden. Der »Oberon« von ungefähr 131 britische Register-Tons Netto-Raumgehalt ist zwar bereits im 40. Jahre in Fahrt gewesen, ist aber, wie auch einzelnen Mitgliedern des Seeamts bekannt, in den Jahren 1871/72 vollständig neu aufgezimmert worden. Bis Ende Mai 1881 hat das

Schiff Classe A I im Germanischen Lloyd gehabt und ist im Frühjahre 1881 im Trockendock zu Hâvre nach zeitweiser Abnahme des Metallbeschlags untersucht und reparirt worden. Das Schiff hat sich ausserdem in den beiden kurz auf einander folgenden heftigen Stürmen zu Anfang der Reise bewährt und ist dicht geblieben. Es war deshalb kein Grund, an der Seetüchtigkeit des Schiffes beim Antritt der Reise zu zweifeln. Wenn trotzdem im weiteren Verlaufe der Reise dasselbe leck geworden ist, so muss als Ursache dieses Leckwerdens das Wracken und Arbeiten des Schiffes in der durcheinander laufenden See während der wochenlangen Windstille erachtet werden.

Zu 2 ist anerkannt worden, dass der Schiffer hinreichenden Grund hatte, zu versuchen, baldigst einen Hafen zu erreichen. Das andauernde Pumpen bei der geringen Besatzung hatte die Mannschaft erschöpft und nach den Wind- und Wetterverhältnissen stand noch eine lange Reise in Aussicht. Nachdem das Schiff bei dem schwachen SO Passat von der Aequatorialströmung soweit nach Westen versetzt war, dass ein Dubliren des Cap St. Roque und damit ein Anlaufen der an der Ostküste Brasiliens gelegenen Häfen für die nächste Zeit unwahrscheinlich erschien, war der Schiffer wohl berechtigt, den nächsten Hafen aufzusuchen.

Zu 3 ist das Seeamt der Ansicht gewesen, dass der Schiffer Alles gethan hat, was er zur Vermeidung des Unfalls und seiner Folgen thun konnte. Er hat durch Lothen und Ausforschen einer ortskundigen Person sich über den Wasserstand vor bezw. auf der Barre orientirt und durfte den Angaben des Lootsen wohl vertrauen, wenn dieser das Passiren der Barre für möglich erklärte. Der Unfall auf der Barre ist lediglich der Unkenntniss oder Ungeschicklichkeit des Lootsen zuzuschreiben, dessen Führung der »Oberon« anvertraut war.

Was endlich das Verhalten des Schiffers nach dem Festkommen betrifft, so hat das Seeamt in dem Anlandgehen des Schiffers nichts Ungerechtfertiges finden können, da zur Zeit auf dem Schiffe nichts zu machen war und der Schiffer noch an demselben Tage an Bord zurückgekehrt ist, er auch die einzige Person an Bord war, welche mit den Ortsverhältnissen und der Sprache vertraut und somit am befähigsten war, das Beste der Interessenten an Schiff und Ladung wahrzunehmen.

Der Spruch des Seeamts ist demnach, wie geschehen, gefällt worden.

134. Spruch des Seeamts zu Flensburg vom 24. Januar 1882, betreffend den Seeunfall des Schooners „Speculant" von Kappeln.

Schiff auf der Rhede von Buenos-Ayres von den Ankern gebrochen und auf Grund gerathen.

Der Spruch des Seeamts lautet:

dass der Unfall dem starken Sturm (Pampero), in Folge dessen die Ankerketten brachen, zuzuschreiben sei.

Gründe. Der Schooner »Speculant,« Heimathshafen Kappeln, Unterscheidungssignal LQKH, segelte am 22. Januar 1881 mit einer Ladung Mate (Paraguay Thee) von Antonia in Brasilien nach Buenos-Ayres. Führer des Schiffes war der Schiffer A. Th. Viereck aus Kappeln, Steuermann Carl Born aus Wolgast. Am 15. Februar Nachmittags 1 Uhr langte man auf der Binnen-Rhede von Buenos-Ayres an und ging hier vor Anker. Der Schiffer und der von Paranagua mitgenommene Seelootse liessen sich ans Land setzen. Der am Morgen an Bord gekommene Hafenlootse Peter Schmidt blieb an Bord.

Nachmittags 2 Uhr trat ein starker Sturm aus Südost auf. Das Schiff lag vor Steuer- und Backbordanker, hatte überdies eine dreizöllige Trosse auf der Steuerbordkette befestigt. Alsbald brach die Steuerbordkette eben oberhalb der Trosse. Man machte nun die Segel fertig, um für alle Fälle gerüstet zu sein. Nach einiger Zeit brach auch die Backbordkette und gleichzeitig fiel das nunmehr noch mit der Trosse am Steuerbordanker befestigte Schiff nordwärts ab. Sobald das Schiff soweit abgefallen war, dass der Wind von hinten kam, wurde die Trosse gekappt und das Schiff segelte zwischen den übrigen noch vor Anker liegenden Schiffen durch. Sobald diese frei passirt waren, segelte man auf Ordre des Lootsen nordwärts, um wo möglich den Canal und Hafen von St. Fernando zu erreichen; der Wind und die See waren so heftig, dass man glaubte, man werde sich durch Kreuzen nicht vom Lande frei halten können. Als man indess gegen 5 Uhr Nachmittags auf der Baare von St. Fernando anlangte, stiess das Schiff plötzlich auf den Grund, obgleich es nur 9½ Fuss tief ging und man 12 Fuss Wasser lothete. Das Schiff gehorchte nunmehr nicht mehr dem Steuer, und kam vollständig fest.

Alle Bemühungen, durch Segelstellung wieder abzukommen,

blieben erfolglos und musste man, um das heftige Stossen zu vermeiden, die Segel festmachen. Erst um $6\frac{1}{2}$ Uhr Abends, als das Wasser nicht unerheblich gestiegen war, wurde das Schiff wieder flott. Man setzte sofort die Vordersegel wieder bei, das Schiff wollte aber bei dem hohen Seegange nicht steuern und gerieth alsbald wieder fest. In der Nacht fiel das Wasser so bedeutend, dass das Schiff völlig trocken stand. Am andern Morgen zwischen 8 und 9 Uhr kam der Schiffer, nachdem er sein Schiff lange Zeit vergeblich gesucht hatte, wieder an Bord. Es zeigte sich nun, dass das Schiff sich mehrere Fuss tief in den Sand hineingearbeitet hatte und an ein Abkommen ohne Hülfe vom Lande nicht zu denken war. Erst am 8. März gelang es, das Schiff wieder ab- und nach der in der Nähe von Buenos-Ayres liegenden Reparaturstelle Bora de Riachuela zu bringen. Nachdem es dort reparirt worden, ist es am 20. Juli nach Rio de Janeiro gesegelt.

Dies ist der Verlauf des Unfalls, wie er sich aus der dem Seeamt vorliegenden, von der Besatzung im Consulate des Deutschen Reichs zu Buenos-Ayres am 12. März 1881 abgelegten Verklarung und einem Schreiben der Kaiserlich Deutschen Ministerresidentur für die La Plata Staaten vom 1. December 1881 ergiebt.

Der Unfall ist lediglich dem an der Ostküste Südamerikas im Winter so häufig auftretenden Sturm aus Südosten — Pampero — zuzuschreiben, welchem die Ankerketten, an denen das Schiff befestigt war, nicht Widerstand zu leisten vermochten. Waren Sturm und Seegang so heftig, dass die Ankerketten brachen, so war es aussichtslos, nach aussen in die hohe See zu gehen; das Schiff würde, wenn man solches versucht hätte, nicht gegen die See aufgekommen sein. Es blieb deshalb nicht wohl etwas anderes übrig, als nordwärts zu segeln und den ersten besten Hafen aufzusuchen. Dass auch dies nicht gelang, dass das Schiff vielmehr bei der Barre von St. Fernando auf den Grund stiess und fest gerieth, obgleich das Wasser daselbst 12 Fuss Tiefe hatte, findet seine natürliche Erklärung darin, dass die rollende See stellenweise momentan den Wasserstand verminderte, wodurch das Schiff, da es zu wenig Wasser unterm Kiel hatte, seine Steuerfähigkeit verlor.

135. Spruch des Seeamts zu Flensburg vom 31. Januar 1882, betreffend den Seeunfall der Bark „Peter“ von Apenrade.

Schiff durch die Strömung gegen eine Felsenklippe getrieben und derart leck geworden, dass es auf den Strand gesetzt werden musste.

Der Spruch des Seeamts lautet:

dass das Stranden des Schiffes durch eine Stromversetzung herbeigeführt worden ist.

Gründe. Die Bark »Peter«, Unterscheidungssignal LJPD ist am 28. März 1881 2 Seemeilen nördlich von Cap Libobo an der Ostküste der Molukkeninsel Gilolo auf den Strand gesetzt worden und in der Folge total verloren gegangen. Sie wurde geführt von dem Schiffer Arnold Tychsen aus Flensburg und befand sich auf der Reise von Cronstadt nach Jokohama beladen mit Mehl und Stückgütern. Nach den vorliegenden von den Kaiserlichen Consulaten in Singapore und Batavia aufgenommenen Verklarungen und den Aussagen des zur Besatzung gehörenden Jungmannes Carl Krugh Nissen aus Apenrade, welcher von dem Seeamt hat vernommen werden können, ist der Verlauf des Unfalls folgender:

Am Mittage den 26. März 1881 befand sich das Schiff auf 1° 42′ südlicher Breite und 128° 10′ östlicher Länge von Greenwich, ungefähr 7 bis 8 Seemeilen südwestlich der Insel Gasses. Um 6 Uhr 30 Minuten Abends peilte man die Mitte der Insel Gasses in ONO¾O in 3 bis 4 Seemeilen Abstand. Bis 8 Uhr Abends steuerte man bei flauem westlichen Winde. ONO½O und von 8 Uhr an NO½N, um die weiter nördlich liegenden schwarzen Klippen in guter Distanz zu passiren. Von 6 Uhr 30 Minuten bis 9 Uhr Abends hatte man nach dem Logg 16½ Seemeilen zurückgelegt. Etwas nach 9 Uhr gewahrte man plötzlich voraus ½ Strich an Steuerbord in einer Entfernung von 1 bis 1½ Seemeilen einen dunklen Gegenstand. Der Schiffer liess sofort das Ruder hart Backbord legen, so dass das Schiff SSO zu liegen kam und man den dunklen Gegenstand hinter sich hatte. Das Schiff wollte aber bei dem flauen Winde nicht vorwärts gehen, wurde vielmehr von einer aus SO kommenden Strömung langsam zurück auf den dunklen Gegenstand, den man alsbald als einen Felsen zu erkennen vermochte, getrieben. Man versuchte nun zunächst Ankergrund zu finden, aber vergeblich. Das Schiff trieb allmählig an den Felsen, stiess ungefähr um 10 Uhr Abends zuerst mit dem Heck auf und legte sich dann mit der ganzen Backbordseite gegen den Felsen. An der Steuerbordseite war tiefes Wasser. Die Strömung wurde zu 4 bis 5 Seemeilen in der Stunde gemessen. Anfangs machte das Schiff kein Wasser, nachdem es aber mehrere Male heftig aufgestossen hatte, zeigten sich bei den Pumpen 20 Zoll Wasser. Darauf wurden sofort die Pumpen in Gang gesetzt. Nach zwei Stunden, etwa um Mitternacht, zu welcher Zeit die Strömung aus SO nachgelassen hatte, gelang es durch Segelmanöver wieder vom Riff abzukommen. Man steuerte nun zunächst NOzN, um womöglich die Insel Gely zu erreichen und dort die Schäden nachsehen und repariren zu lassen. Während der Nacht wurde unausgesetzt gepumpt. Am andern Morgen gewahrte man, dass das Wasser trotz des fortwährenden Pumpens zunahm. Um 10 Uhr Morgens ungefähr brach plötzlich die Steuerbordpumpe. Versuche, sie zu repariren, misslangen; sie blieb fortan unbrauchbar. Man spannte nun eine neue Fock in der Nähe des Grossmastes unter den Schiffsboden, weil man annahm, dass dort der Leck sich befinde. Zu dieser Annahme war man gekommen, weil Taue, die unters Schiff durchgezogen waren, an jener Stelle auf einen harten Gegenstand gestossen waren.

Dies Manöver blieb indess ganz erfolglos, das Wasser nahm immer mehr zu. Da man unter diesen Umständen nicht hoffen konnte, die noch etwa 50 bis 60 Seemeilen entfernte Insel Gely zu erreichen, beschloss man zu wenden und auf die am westlichen Horizonte sichtbare Insel Gilolo abzuhalten. Dieser Beschluss wurde Mittags 12 Uhr ausgeführt. Bei der nur flauen, stellenweise von Windstille unterbrochenen nordnordwestlichen Brise erreichte man erst am 28. März ungefähr Morgens 2 Uhr den Strand. Sobald das Schiff aufstiess, liess man beide Anker fallen. Das Ufer an der Stelle, wo man aufgesegelt war, war sehr schroff und steil, das Schiff wurde von der schweren Brandung heftig hin und her gestossen und hatte binnen Kurzem das Wasser im Raume gleiches Niveau mit dem Meeresspiegel. Bei Tagesanbruch gewahrte man, dass das Schiff ungefähr 2 Seemeilen nördlich von Cap Libobo an der Ostseite der Insel Gilolo festsitze. Da das Schiff sich immer mehr auf die Steuerbordseite legte und es jeden Augenblick zu befürchten stand, dass es gänzlich umfallen werde, befahl der Schiffer, die Boote auszusetzen. Nachdem es trotz des starken

Schlingerns des Schiffes noch gelungen war, die Segel festzumachen, verliess die Besatzung um 8 Uhr Morgens in den Booten das Schiff. Einiger Proviant, etwas Wasser, Compasse, Chronometer und Seekarten von den Molukkeninseln, sowie die nothwendigsten Kleidungsstücke war alles, was man mitnehmen konnte. Am Abend um 10 Uhr erreichte man glücklich einen kleinen an der Westküste von Gilolo liegenden Ort Gami oder Gama. Die Besatzung wurde hier von den Eingeborenen sehr freundlich aufgenommen. Eine Anzahl Eingeborener machte sich auch unverzüglich in Begleitung des 1. Steuermanns vom »Peter« auf den Weg, um das Wrack aufzusuchen, wo thunlich, noch etwas zu bergen. Ihnen folgte am andern Morgen der 2. Steuermann vom »Peter« mit 4 anderen Leuten von der Besatzung. Letztere kamen indess nur bis zum Cap Libobo. Hier trafen sie schon die auf der Rückkehr befindlichen Eingeborenen mit dem 1. Steuermann, die ihnen mittheilten, dass das Schiff bereits vollständig gekentert sei und nur noch die Backbord-Raanocken aus dem Wasser hervorragten. Im Laufe des Tages kehrten alle glücklich nach Gami zurück. Nach drei Tagen, als sie sich einigermassen von den Strapazen erholt hatte, schiffte sich die Besatzung in ihren Booten und einem malayischen Boote nach der weiter nordwärts belegenen Insel Ternate ein. Daselbst langte sie nach 6 tägiger Reise glücklich an. Von Ternate wurde sie mit einem holländischen Dampfer nach Macassar gebracht, woselbst sie am 19. April abgemustert wurde.

Der Schiffer und die beiden Steuerleute haben alsbald auf andern in dortiger Gegend fahrenden Schiffen Stellung gefunden, der Schiffer in Bangkok, die Steuerleute bezw. in Soerabaja und Batavia. Der Jungmann Nissen aus Apenrade ist in seine Heimath zurückgekehrt. Ueber den Verbleib der übrigen zur Besatzung gehörenden 9 Personen ist nichts Bestimmtes zu ermitteln gewesen.

Die Felsen, auf welche das Schiff am 26. März aufgetrieben ist, sind keine andern als die auf den Seekarten unter dem Namen »schwarze Klippen« aufgeführten. Sie liegen 4 bis 5 Seemeilen östlich von der Insel Hassel und ungefähr 30 Seemeilen nordnordöstlich von der um 6 Uhr 30 Minuten Abends gepeilten Insel Gasses, auf 1° 9′ südlicher Breite und 128° 28′ östlicher Länge. Andere

Klippen sind in dem Gewässer, wo das Schiff sich zur Zeit des Unfalls befand, überall nicht vorhanden.

Nach der Berechnung des Schiffers musste er sich allerdings damals, als er die Klippen zuerst gewahrte, noch 14 bis 15 Seemeilen südlich von denselben befinden. Es ist aber angesichts der constatirten Strömung aus SO unzweifelhaft, dass er damals durch den Strom bereits 14 bis 15 Seemeilen weiter nach NNW hin versetzt war, als er glaubte. Anstatt, wie er nach dem Logg berechnete, 16½ Seemeilen, war er um 9 Uhr Abends bereits 29 bis 30 Seemeilen seit 6 Uhr 30 Minuten Abends vorwärts gekommen. Solchergestalt findet es seine genügende Erklärung, dass er sich Abends 9 Uhr nur ungefähr 1 bis 1½ Seemeilen von den Klippen befand und bei der dermalen noch andauernden starken Strömung nach NW mit dem flauen Winde sich nicht davon freihalten konnte. Der Unfall, der sein Schiff betroffen hat, ist demnach lediglich einer Stromversetzung zuzuschreiben.

Die auf das Auftreiben auf die Klippen folgenden weiteren Ereignisse finden in dem Leckwerden des Schiffes, während es festsass, ihre Erklärung.

Das Verhalten des Schiffers und der übrigen Besatzung giebt zu Ausstellungen keine Veranlassung.

136. Spruch des Seeamts zu Hamburg vom 25. Januar 1882, betreffend den Zusammenstoss der britischen Dampfschiffe „Nautilus“ und „Geneva“.

Am 11. November 1881 ungefähr um 4½ Uhr Morgens fand auf der Elbe am Finkenwärder-Ufer eine Collision zwischen dem in Leith zu Hause gehörigen britischen Schraubendampfschiffe »Geneva« und dem der General Steam Navigation Company gehörigen britischen Schraubendampfschiffe »Nautilus« statt, welche zur Folge hatte, dass das letztere Schiff, welches zwischen Grossmast und Hintersteven, ungefähr 60 Fuss vor letzterem, getroffen wurde und einen grossen bis unter Wasser reichenden Leck davon trug, sich in seinen hinteren Abtheilungen mit grosser Schnelligkeit mit Wasser füllte und innerhalb weniger Minuten an der Collisionsstelle auf Grund sank. Die »Geneva« dagegen hatte nur eine unerhebliche Beschädigung am Bug davon getragen und konnte nach kurzem Aufenthalt, während dessen man sich auf derselben überzeugt hatte, dass der in flachem Wasser gesunkene »Nautilus« der Assistenz der »Geneva« nicht ferner bedürfe, ihre Reise fortsetzen. Menschenleben sind bei dem Unfall nicht zu beklagen gewesen, doch musste der »Nautilus«, nachdem er am nächsten Tage mit Hülfe von Tauchern und Dampfpumpen wieder gehoben worden war, nach Hamburg als Nothhafen zurückkehren und sich hier einer längeren und erheblichen Reparatur unterziehen.

Die über diesen Unfall eingeleitete Untersuchung hat in thatsächlicher Beziehung das Folgende ergeben:

Der »Nautilus« hatte seinen Liegeplatz am Kaiserquai im Hamburger Hafen am 11. November Morgens um 3 Uhr 15 Minuten mit der Vorfluth verlassen. Die Nacht war zwar dunkel und fiel ein leichter Regen, doch war es gut feuersichtig. Auf der Commandobrücke befand sich neben dem Schiffer der die Schiffe der General Steam Navigation Company regelmässig lootsende Volllootse Jacob Hauschildt, welcher das Commando hatte. Von Neumühlen ab arbeitete die Maschine mit voller Kraft und gerieth das Schiff nun, als man sich genöthigt sah, entgegenkommenden Schiffen mit Backbordruder auszuweichen, in der engen, nur ungefähr 600 Fuss breiten Fahrrinne bei Finkenwärder, dem Nordrande des Fahrwassers zu nahe, so dass es ungefähr querab von der Finkenwärder Leuchtbake auf dem das dortige Fahrwasser begrenzenden Bönhasensand festgerieth. Nachdem man nun zunächst die entgegenkommenden Schiffe mit gestoppter Maschine hatte passiren lassen, machte man den Versuch, das Schiff durch Rückwärtsarbeiten der Schraube wieder vom Grunde abzubringen. Nach ungefähr halbstündigem vergeblichen Arbeiten gelang es, das Schiff wieder flott zu bekommen, welches man nun unter hart Backbordlegen des Ruders und Rückwärtsarbeiten der Maschine wieder in die richtige Lage im Fahrwasser, mit dem Buge stromabwärts, bringen zu können hoffte. Inzwischen hatte sich der Dampfer »Geneva«, welcher den Hamburger Hafen einige Zeit nach dem »Nautilus« verlassen hatte, dem »Nautilus« genähert. Als man des letzteren ansichtig wurde, befahl Lootse Hauschildt ein weisses Licht am Heck des »Nautilus« zu zeigen, um den abkommenden Dampfer auf das voraus befindliche Schiff aufmerksam zu machen und wurde, wie die Aussage des zur fraglichen Zeit hinten im Schiffe am Ruder befindlich gewesenen zweiten Steuermanns des »Nautilus« ergeben hat, hierzu die zur Beleuchtung der Compassrose dienende Nachthauslampe verwendet, indem letztere von dem Matrosen, welcher bis dahin mit dem zweiten Steuermann am Ruder gestanden hatte, hinten über die Regeling am Heck hin und hergeschwungen wurde. Ausserdem liess Lootse Hauschildt dem abkommenden Dampfer ein Warnungssignal mit der Dampfpfeife geben und zwar drei kurz auf einander folgende Töne, um demselben dadurch im Einklang mit Artikel 19 der Kaiserlichen Verordnung kenntlich zu machen, dass der »Nautilus« mit voller Kraft rückwärts gehe. Dieses Signal will Lootse Hauschildt sodann, da es abseiten der »Geneva« unbeantwortet blieb, dieselbe sich auch, dem »Nautilus« fortwährend ihr grünes Licht zeigend, mehr und mehr näherte, ohne dass eine Aenderung ihres Curses in Rücksicht auf das voraus befindliche Schiff erkennbar gewesen wäre, wiederholt, dann aber gleich nach dem Austönen seines Signals zwei rasch auf einander folgende Töne von der Dampfpfeife der »Geneva« gehört haben. In der Annahme, dass dieses letztere Signal eine Beantwortung des Signals des »Nautilus« sei und dass somit die »Geneva« mit Steuerbordruder südlich vom »Nautilus«, also hinter dessen Heck herumzupassiren beabsichtige, liess Lootse Hauschildt jetzt die Maschine des »Nautilus« unverzüglich auf volle Kraft vorwärts umstellen und gleichzeitig das Ruder hart nach Steuerbord überlegen, um dadurch das Schiff, welches beim Rückwärtsarbeiten in Folge der Einwirkung des Fluthstroms nahezu quer im Fahrwasser zu liegen gekommen war, wieder thunlichst längsstrom und nahe an die Nordkante des Fahrwassers zu bringen. Gleich darauf erfolgte die Collision, indem die »Geneva« mit ihrem Vordersteven dem »Nautilus« hinter dem Grossmast in dessen Steuerbordseite rannte.

Auf der »Geneva«, welche unter dem Commando des Volllootsen Schacht elbabwärts passirte und bei Neumühlen ihre Maschine auf volle Kraft gesetzt hatte, wurde man den »Nautilus« zuerst gewahr, als man sich selbst noch eben unterhalb der oberen Finkenwärder Bake befand und zwar zunächst nur als schwarzen Gegenstand über der Wasserfläche, an dem man irgend ein Licht nicht unterscheiden konnte. Bei weiterer Annäherung wurde man einen Schimmer seines Toplichtes gewahr und schloss Lootse Schacht aus der auffallend nördlichen Lage des voraus befindlichen Schiffes, dass dasselbe an der Nordseite des Fahrwassers am Grund sitze. Da der Curs der »Geneva« frei vom »Nautilus« wies, welchen man damals ungefähr einen Strich am Steuerbordbug der »Geneva« hatte, so hielt Lootse Schacht es nicht für bedenklich, sein Schiff mit unverminderter Fahrgeschwindigkeit Curs halten zu lassen. Nachdem inzwischen ein anderer, als der zur selben Rhederei wie die »Geneva« gehörige Dampfer »Buda« erkannter Dampfer die »Geneva« an Backbord passirt hatte, hörte man plötzlich, wie der »Nautilus« drei kurze rasch auf einander folgende Töne mit seiner Dampfpfeife gab und sah zu gleicher Zeit, wie der »Nautilus«, den Bug nach der Nordseite des Flusses gewandt, mit rückwärtiger Fahrt über das Fahrwasser hinüberschor. Sowie Lootse Schacht diese Bewegung des »Nautilus« gewahr wurde, welche letzteres Schiff vor den Bug der »Geneva« brachte, liess er sofort das Ruder der »Geneva« backbord legen und gleichzeitig die Maschine stoppen und rückwärts arbeiten. Die Collision war aber schon nicht mehr zu vermeiden, vielmehr traf die »Geneva« den »Nautilus« in der bereits beschriebenen Weise. Von der eigenen Dampfpfeife hat man auf der »Geneva« nach der übereinstimmenden Aussage des Lootsen Schacht und aller vernommenen Mitglieder der Schiffsbesatzung, namentlich auch des Schiffers, in der relevanten Zeit vor der Collision überall keinen Gebrauch gemacht, wohl aber haben die sämmtlichen Personen der Schiffsbesatzung bezeugt, kurz vor der Collision ein Dampfpfeifensignal des aufwärts passirenden Dampfers »Buda« gehört zu haben. Dieses Signal, welches die »Buda« gerade in dem Augenblick habe ertönen lassen, als sie sich bei der »Geneva« längsseits befunden, habe in zwei kurzen, rasch auf einander folgenden Tönen bestanden und sei den drei kurzen Tönen der Dampfpfeife des »Nautilus« eben vorhergegangen. Lootse Schacht seinerseits will dieses Signal der »Buda« nicht gehört haben und hat als möglichen Erklärungsgrund hierfür den Umstand bezeichnet, dass er an Backbordseite der Brücke gestanden habe und dass an dieser Seite das Schutzsegel aufgezogen gewesen sei, welches letztere den Schall des Signals für ihn möglicherweise benommen habe. Ein weiteres Dampfpfeifensignal des »Nautilus« als die bereits angeführten drei Töne, welche dem Signal der »Buda« gefolgt seien, will man auf der »Geneva« nicht gehört haben.

Die vor dem dazu committirten Vorsitzenden des Seeamts erfolgte Vernehmung des Schiffers des Dampfers »Buda« und derjenigen beiden Leute der Besatzung dieses Schiffes, welche zur in Betracht kommenden Zeit auf Ausguck standen, hat ergeben, dass man in der That auf der »Buda« beim Passiren der »Geneva« die Dampfpfeife zweimal rasch hintereinander angezogen hat. Der

Schiffer der »Buda« insbesondere hat bezeugt, dass dieses von ihm selbst gegebene Signal der zur selben Rhederei gehörigen »Geneva« als Erkennungszeichen habe dienen sollen, wie das Anziehen der Dampfpfeife bei Begegnung von Schiffen dieser Rhederei überhaupt üblich sei. Das Anziehen der Dampfpfeife sei in diesem Fall gerade in dem Augenblick erfolgt, als die »Buda« sich längsseits der »Geneva« — die beiden Brücken in einer Linie — befand. Gleich nach dem eigenen Signal will der Schiffer der »Buda« dann noch ein weiteres Dampfpfeifensignal und zwar gleichfalls zwei Töne gehört haben. Die gleiche Wahrnehmung bestätigen auch die beiden Ausguckleute der »Buda«, unter ihnen der erste Steuermann des Schiffes, mit der Massgabe jedoch, dass der Steuermann nur einen Ton gehört haben will, während der andere Ausguckmann über die Anzahl dieser zuletzt gehörten Töne eine Angabe nicht zu machen vermocht hat. Ueber den Ursprung dieses Signals äussern die fraglichen Zeugen sich von einander abweichend. Dem Schiffer hat dasselbe bei der raschen Folge auf das eigene Signal und der Aehnlichkeit des Klanges, den Eindruck eines Echos gemacht, während nach den Wahrnehmungen der beiden anderen Leute anzunehmen sein würde, dass es entweder von der »Geneva« oder vom »Nautilus« ausgegangen sei. Die Dampfpfeife des »Nautilus«, und zwar drei kurze, rasch auf einander folgende Töne derselben wollen die Budaleute mit Bestimmtheit noch vor dem Passiren des »Nautilus« gehört haben, als sie sich noch etwa drei Schiffslängen von demselben entfernt befanden. Gleich nach dem oben erwähnten, von dem Schiffer der »Buda« für ein Echo der eigenen Dampfpfeife gehaltenen Signal sei der Zusammenstoss erfolgt, welchen der Schiffer der »Buda«, sich gleich nach dem fraglichen Signal auf der Brücke seines Schiffes umwendend und nach rückwärts sehend, selbst beobachtet haben will, während die beiden anderen Leute nur den Krach des Zusammenstosses hörten.

Da es sich im vorliegenden Falle um zwei unter fremder Flagge fahrende Schiffe handelt, so wird die seeamtliche Untersuchung sich bei Prüfung des vorstehenden Sachverhalts vorzugsweise auf eine Beurtheilung des Verhaltens der mit dem Commando der beiden Schiffe betraut gewesenen Lootsen beschränken dürfen.

Vorauszuschicken ist hier, dass im vorliegenden Falle, da die strikte Befolgung der von den Lootsen ertheilten Commandos insoweit ausser Frage steht, zweifellos diesen die volle Verantwortung für die Manövrirung der unter ihrer Leitung stehenden Schiffe beigemessen werden muss, zumal dieselben beide die Schiffe der in Frage kommenden Rhedereien hier auf der Elbe regelmässig lootsende, sogenannte Contoirlootsen waren.

Was nun zunächst die Manövrirung des »Nautilus« anlangt, so bietet dieselbe in verschiedenen Beziehungen zu Ausstellungen Anlass. Lootse Hauschildt hätte sich, da sein Schiff gerade an einer der engsten Stellen des Fahrwassers an Grund gerathen war, beim Wiederabbringen desselben zu der grössten Vorsicht im Hinblick auf andere passirende Schiffe veranlasst sehen müssen und ihm kann der Vorwurf nicht erspart werden, dieser durch die Umstände gebotenen Vorsicht nicht in vollem Masse genügt zu haben.

Zunächst wird es schon für vorsichtig nicht erachtet werden können, dass Lootse Hauschildt es unternommen hat, sein Schiff trotz der Annäherung der »Geneva« durch Rückwärtsarbeiten der Maschine vom Grunde abzubringen. Zwar hat der Lootse hier zu seiner Rechtfertigung geltend zu machen gesucht, dass der »Nautilus« zu einer Zeit flott geworden sei, als die »Geneva« sich noch in einer so grossen Entfernung von der Strandungsstelle befunden habe, dass damals noch jede Collisionsgefahr ausgeschlossen gewesen sei und somit das bezeichnete Manöver völlig unbedenklich habe erscheinen können. Diesem Anführen kann aber nach dem, was sonst erwiesen ist, nicht beigetreten werden. Als der Dampfer »Buda« den »Nautilus« passirte, sass der letztere, der eigenen Angabe des Lootsen Hauschildt zufolge, noch am Grunde fest. Die gleiche Wahrnehmung ist von den vernommenen Mitgliedern der Besatzung der »Buda« bestätigt worden. Der Schiffer des letzteren Dampfers hat die durchaus wahrscheinliche Vermuthung ausgesprochen, dass der »Nautilus«, dessen Schraube man beim Passiren von der »Buda« aus habe rückwärts arbeiten sehen, durch den bei dem Passiren der »Buda« bewirkten Zug im Wasser flott geworden sei. Der Augenblick nach dem Passiren der »Buda« würde also der früheste Moment sein, der für das Flottwerden des »Nautilus« angenommen werden könnte, während letzteres nach dem eigenen Anführen des Lootsen Hauschildt, dass nämlich der »Nautilus« das Passiren der »Buda« noch mit gestoppter Maschine abgewartet habe und erst später durch die Kraft der eigenen Maschine vom Grunde abgekommen sei, auf einen noch späteren Zeitpunkt zu verlegen sein würde. Ueber den Abstand vom »Nautilus«, in welchem die »Buda« die »Geneva« passirte, liegen abweichende Angaben vor. Die vernommenen Zeugen von der Besatzung der »Buda« haben denselben auf $1\frac{1}{2}$, höchstens 3 Schiffslängen, Schiffer Campbell von der »Geneva« auf ungefähr dasselbe Mass geschätzt. Aber selbst wenn man die Schätzung des Lootsen Schacht für die richtigere und zuverlässigere ansieht, wonach die »Geneva« beim Passiren der »Buda« sich noch ungefähr halbwegs zwischen der oberen Finkenwärder Bake und der Leuchtbake befunden habe, so würde auch unter Zugrundelegung dieser Distanzschätzung angenommen werden müssen, dass die »Geneva« dem »Nautilus«, als letzterer in flottes Wasser kam, schon so nahe gekommen war, dass dem »Nautilus« eine plötzliche Sperrung des Fahrwassers mit Rücksicht auf das herabkommende Schiff gefährlich erscheinen musste. Aber auch nach dem Flottwerden des Schiffes hat Lootse Hauschildt nicht mit der durch die Umstände gebotenen Vorsicht gehandelt. Statt sein Schiff unter Rückwärtsarbeiten der Schraube querstrom und somit in dem engen Fahrwasser in eine für passirende Schiffe gefährliche Lage zu bringen, hätte er bestrebt sein müssen, dasselbe durch entsprechendes Manövriren möglichst nahe an der Nordkante des Fahrwassers zu halten und thunlichst mit demselben längs zu bringen. Am besten würde er letzteres haben erreichen können, wenn er sofort nach dem Flottwerden seinen Anker hätte fallen lassen. Aber auch ohne zu ankern, würde er den geschilderten Erfolg dadurch haben erreichen können, dass er das Schiff durch Vorwärtsarbeiten der Maschine wieder mit dem Bug an Grund gesetzt hätte, indem anzunehmen ist, dass dasselbe auch bei solchem Manöver mit dem Fluthstrom herumgeschwajt und längsstrom zu liegen gekommen wäre.

In der vorstehend gerügten Ausserachtlassung der durch die Umstände gebotenen Vorsicht bei Manövrirung des »Nautilus« hatte das Seeamt eine dem Lootsen Hauschildt zur Last fallende Verletzung der im Artikel 24 der Kaiserlichen Verordnung, betreffend Verhütung des Zusammenstossens von Schiffen auf See, getroffenen Bestimmungen zu erblicken.

Musste hiernach das Seeamt zu der Ansicht kommen, dass die Collision bei einer vorsichtigeren und seemännisch richtigeren Handlungsweise des Lootsen Hauschildt vermieden worden wäre, so durften andererseits auch in der Beweisverhandlung hervorgetretene Momente nicht unbeachtet bleiben, welche zu dem Schlusse berechtigen, dass die unmittelbare Ursache der Collision in einer Verkettung unglücklicher Umstände zu erblicken ist, welche der Einwirkung des Lootsen entzogen waren und zu seiner Verantwortung nicht gestellt werden können. In dieser Beziehung kann es für unwahrscheinlich nicht gelten, dass es dem »Nautilus« noch gelungen wäre, vor dem Bug der mit Backbordruder ausweichenden »Geneva« vorüberzukommen, wenn derselbe nur bei der einmal eingeschlagenen Rückwärtsbewegung geblieben wäre, statt, wie geschehen, im letzten Augenblick noch die Maschine zu stoppen und vorwärts zu setzen. Hinsichtlich des letzteren, die Collision unmittelbar herbeiführenden Manövers wird aber der Lootse den Umständen nach für entschuldigt gelten müssen. Zu erwägen ist hier, dass Lootse Hauschildt sich nach Sachlage in der That zu dem Glauben veranlasst sehen konnte, die »Geneva« wolle den »Nautilus« mit Steuerbordruder südlich passiren, denn es ist als erwiesen anzusehen, dass kurz vor der Collision aus der Richtung, in der die »Geneva« sich befand, zwei kurze Töne einer Dampfpfeife sich hörbar machten, und wenn auch nach der Beweisaufnahme angenommen werden muss, dass diese Töne nicht von der »Geneva«, sondern von der die letztere passirenden »Buda« gegeben worden sind, so kann doch dem Lootsen aus der stattgehabten Verwechslung ein Vorwurf nicht erwachsen. Ob dieses zweitönige Pfeifensignal vor oder nach dem dreimaligen Anziehen der Dampfpfeife des »Nautilus« erfolgt ist, hat sich durch die Beweisaufnahme mit genügender Sicherheit nicht feststellen lassen. Dieser Frage wird aber auch eine wesentliche Bedeutung um deswillen nicht beigemessen werden können, weil das Signal des »Nautilus«, einerlei ob es vor oder nach dem Budasignal gegeben wurde, für die Entschliessung der »Geneva«, Backbordruder zu geben, ganz den gleichen Einfluss haben musste. Zu erwägen ist hier auch, dass die beiden Signale jedenfalls einander unmittelbar gefolgt sind, so dass, selbst wenn man annehmen will, Lootse Hauschildt habe seine Dampfpfeife erst nach dem Signal der »Buda« dreimal angezogen, sich also mit diesem Signal mit der zu dieser Zeit geständlichermassen eingeschlagenen Vorwärtsbewegung seiner Maschine in Widerspruch gesetzt, der nicht unwahrscheinliche Umstand zu seiner Entschuldigung dienen könnte, dass er vielleicht die Weisung zum Anziehen der Dampfflöte in der That noch vor den zwei Tönen der »Buda« gegeben haben und so unter dem Einfluss der augenblicklichen Erregung auch die Ausführung dieses Commandos irrthümlich der Zeit nach vor letzteres Signal verlegt haben kann.

Auch der Umstand, dass man auf Seiten der »Geneva« nicht eher, als geschehen, auf die Intention des »Nautilus«, mit rückwärtsarbeitender Maschine das Fahrwasser zu kreuzen, aufmerksam wurde, ein Umstand, der nicht unwesentlich zur Collision mitgewirkt haben kann, steht nach Sachlage ausser Verantwortung des Lootsen Hauschildt. Denn zu bezweifeln, dass der Lootse es zur Warnung der »Geneva«, soviel an ihm lag, an den gehörigen Anordnungen habe fehlen lassen, liegt nach der Beweisaufnahme ein genügender Grund nicht vor. Vielmehr wird angenommen werden dürfen, dass er durch das wiederholte Anziehen der Dampfpfeife und durch den Befehl, eine helle Laterne am Heck des »Nautilus« zu zeigen, in dieser Beziehung der durch die Umstände gebotenen Vorsicht Genüge geleistet hat. Der Umstand, dass dem letzteren Geheiss in so ungenügender Weise Rechnung getragen wurde, kann dem Lootsen nicht zum Vorwurf gereichen. Hervorgehoben muss hier aber werden, dass neben dem unvorsichtigen Manövriren des »Nautilus« auch die ungenügende Art tadelnswerth erscheint, in der dieses Schiff seine eigenthümliche Lage im Fahrwasser nahenden Schiffen erkennbar machte. Wenngleich die Anwendbarkeit der Bestimmungen des Art. 5 der Kaiserlichen Verordnung hinsichtlich der zu zeigenden Lichter, wenigstens für die in Betracht kommende Zeit der Annäherung der »Geneva« an den »Nautilus«, um so weniger für feststehend erachtet werden kann, als das auch vordem nur vorübergehend und nicht in Folge eines eigentlichen Unfalles in seiner Vorausfahrt behinderte Schiff zur in Betracht kommenden Zeit jedenfalls schon wieder flott und in manövrirfähigem Zustande war, so wäre es doch dringende Aufgabe des »Nautilus« gewesen, seine auch nach dem Flottwerden immer noch äusserst behinderte Lage im Fahrwasser nahenden Schiffen durch ein weit und gut sichtiges Signal deutlich erkennbar zu machen. Keinenfalls konnte hierzu das Zeigen der Compasslampe hinten am Schiff genügen, zumal solche Lampen ihrer Construction nach nur dazu bestimmt sind, ihren Lichtschein in schräger Richtung nach unten zu werfen und somit Richtung und Fläche, welche die Lampe im vorliegenden Fall beschienen hat, völlig von der Art und Weise abhängig gewesen sein muss, in welcher sie von dem Matrosen, der sie zu zeigen hatte, gehalten und gedreht worden ist. Dass ihr Licht ganz ungenügend sichtbar gewesen ist, kann nach den Aussagen der abseiten der »Geneva« und der »Buda« vernommenen Zeugen nicht bezweifelt werden. Das Zeigen einer hell und gleichmässig scheinenden, am Heck befestigten Kugellaterne wäre das Mindeste gewesen, was hätte geschehen müssen. Besser noch hätte man sich durch ein das ganze Schiff hell vor Augen treten lassendes Flackerfeuer kenntlich gemacht.

Bei Beurtheilung des Verhaltens des Lootsen Schacht von der »Geneva« ist zunächst anzuerkennen, dass er auf das Dampfpfeifensignal des »Nautilus« durchaus correct handelte, wenn er sein Ruder backbord legte, und gleichzeitig bei der inzwischen eingetretenen gefahrdrohenden Annäherung der beiden Schiffe seine Maschine stoppen und rückwärts arbeiten liess. Vorsichtiger hätte freilich auch von seiner Seite in doppelter Beziehung verfahren werden können. Einmal würde es in Rücksicht auf die Enge des Fahrwassers, in welches man einfuhr, jedenfalls beim Gewahrwerden des »Nautilus« richtiger gewesen sein, die Fahrt des Schiffes zu mässigen. Ausserdem würde es sich aber auch für die »Geneva« empfohlen haben, in Antwort auf das Dampfpfeifensignal des »Nautilus« einen mit Artikel 19 der Kaiserlichen Verordnung im Einklang befindlichen Gebrauch von der eigenen Dampfpfeife zu machen, um dem »Nautilus« anzuzeigen, dass man seinen Curs nach Steuerbord richte.

Zu rügen ist schliesslich der Umstand, dass abseiten des Dampfers »Buda« ein durch Art. 19 der Kaiserlichen Verordnung für die Einschlagung eines bestimmten Curses vorgesehenes Dampfpfeifensignal, unabhängig von den Bestimmungen dieser Verordnung, als blosses Erkennungszeichen für ein passirendes Schiff zur Anwendung gebracht worden ist. Es kann nicht verkannt werden, dass ein solcher mit den Vorschriften der Verordnung nicht im Einklang stehender Gebrauch der in Frage stehenden Signale, zumal bei der Anwesenheit anderer mit diesen Erkennungssignalen nicht vertrauter Schiffe in dem betreffenden Fahrwasser, zu den verhängnissvollsten Irrthümern Anlass geben kann, wie solches hier in der That der Fall gewesen ist.

Auf Grund vorstehender Erwägungen geht der Spruch des Seeamts dahin:

> Zwar rechtfertigt die Beweisaufnahme die Annahme, dass die Collision zwischen den britischen Dampfern »Nautilus« und »Geneva« durch eine unglückliche Verkettung äusserer Umstände, namentlich durch den unzeitigen Gebrauch der Dampfpfeife abseiten des in der Nähe befindlichen Dampfers »Buda« und den entschuldbaren Irrthum abseiten des »Nautilus«, dass dieses Dampfpfeifensignal von der »Geneva« ausgehe, unmittelbar verursacht worden ist; doch würde die

Collision vermieden sein, wenn der auf dem »Nautilus« das Commando führende Volllootse Hauschildt dieses Schiff in einer vorsichtigeren und den besonderen Umständen des Falles angemesseneren Weise manövrirt hätte.

Das Manövriren des Volllootsen Schacht, welcher auf der »Geneva« das Commando führte, ist im übrigen als richtig anzuerkennen, doch würde letzterer vorsichtiger gehandelt haben, wenn er die Fahrt der »Geneva« eher als geschehen gemindert, auch in Antwort auf das Dampfpfeifensignal des »Nautilus« von der Dampfpfeife der »Geneva« einen dem Art. 19 der Kaiserlichen Verordnung entsprechenden Gebrauch gemacht hätte.

Dem »Nautilus« ist endlich noch der Vorhalt zu machen, dass er sich auch hinsichtlich der von ihm gezeigten Lichter nicht mit der durch die besonderen Umstände des Falles gebotenen Vorsicht verhalten hat.

137. Spruch des Seeamts zu Emden vom 28. Januar 1882, betreffend den Seeunfall der Schoonerbrigg „Hermann" von Papenburg.

Der Spruch des Seeamts lautet:

Der Seeunfall der Schoonerbrigg »Hermann«, Unterscheidungssignal KBPQ, von Papenburg ist auf das mangelhafte Fahrwasser der Mündung des Cotinquiba-Flusses zurückzuführen.

Entscheidungsgründe. Die zu Papenburg heimathberechtigte Schoonerbrigg »Hermann«, im Jahre 1868 zu Papenburg gebaut, einer dortigen Rhederei, bei welcher der Schiffsführer, Schiffer Prinzhorn zu Papenburg, zu $^{9}/_{32}$ betheiligt war, gehörig und zu einem Netto-Raumgehalt von 533,4 cbm = 188,29 britischen Register-Tons vermessen, hatte im Juni 1881 zu Aracaju eine nach Newyork bestimmte Ladung braunen Zucker eingenommen. Letztere bestand aus im ganzen 3 600 Sack und stellte sich mit derselben der Tiefgang des Schiffes auf 11 Fuss 4 Zoll hinten und 11 Fuss 2 Zoll vorn gegen eine Auswässerung von 36 Zoll, alles nach englischem Masse. Das Schiff war bereits am 8. Juni segelfertig, musste jedoch, weil die Barre des Cotinquiba-Flusses unpassirbar war, bezw. andere früher beladene Schiffe erst ausgeschleppt werden mussten, bis zum 19. September liegen bleiben. An letzterem Tage ward nun vom Feuerthurm »Gute Barre« signalisirt, auch bestätigte der Führer des Schleppdampfers, welcher den »Hermann« auszuschleppen hatte, dass die Barre für den »Hermann« genügend Wasser halte und sollte daher die Reise angetreten werden. Auf der Barre angelangt, stiess jedoch der im Schlepptau des Dampfers befindliche »Hermann« wiederholt auf, wurde in der Mitte der Barre von einer hoch und rasch heranlaufenden Sturzsee so stark auf den Grund gesetzt, dass das ganze Schiff krachte und brach gleichzeitig die Schlepptrosse auf etwa 40 Faden. Obgleich das Werg aus den Nähten heraushing und die Takelage schlaff geworden war, blieb das Schiff anfänglich noch dicht. Nachdem es dem Schiffer nach Verlauf einer halben Stunde gelungen war, wieder auf flottes Wasser zu kommen und inzwischen das Schiff noch wiederholt hart aufgestossen hatte, begann dasselbe jedoch Wasser zu machen und entschloss sich der Schiffer daher nach Aracaju zurückzukehren. Unter Assistenz eines vom Schleppdampfer abgegebenen Lootsen langte er dort Abends wieder an, war genöthigt sofort Leute vom Lande zum Pumpen zu engagiren und musste die Ladung am folgenden Tage gelöscht werden. Nach erfolgter Löschung ergab die Besichtigung des Schiffes, dass der Kiel und Heckbalken gebrochen, der Vordersteven, sowie die Planken des Hintersteven abgewichen waren, und ist sodann der »Hermann«, zu dessen Reparatur es übrigens auch an jeglicher Gelegenheit in Aracaju fehlte, als reparaturunwürdig condemnirt worden.

Die vorstehenden Feststellungen ergeben sich aus den Aussagen der in der heutigen Sitzung vernommenen Zeugen, des Schiffers Prinzborn, Steuermanns Rieke, sowie Matrosen Goldschweer und kommt im übrigen in Betracht, dass die Barre des Cotinquiba-Flusses ohnehin — cfr. Jülfs und Balleer, die wichtigsten Seehäfen der Erde, Bd. I. Seite 306 — als äusserst gefährlich bekannt ist.

Unter solchen Umständen war denn allerdings für den Schiffer die grösste Vorsicht beim Ausgehen geboten, diese ist aber auch von demselben in keiner Weise ausser Acht gelassen und war er vielmehr, als am 19. September »Gute Barre« signalisirt wurde, überdies auch der Führer des Schleppdampfers versicherte, dass der Wasserstand auf der Barre für den letzteren ausreiche, zweifellos verpflichtet, die schon so lange verzögerte Reise endlich anzutreten.

138. Spruch des Seeamts zu Flensburg vom 31. Januar 1882, betreffend den Seeunfall des Schooners „Solid“ von Heiligenhafen.

Schiff auf dem Amurflusse wiederholt an Grund gerathen und erheblich beschädigt.

Der Spruch des Seeamts lautet:

dass die Unfälle, welche das Schiff auf der Reise von Castries Bay nach Nicolajews betroffen haben, den russischen Lootsen, welche des Fahrwassers unkundig gewesen sein müssen, zur Last fallen.

Gründe. Der Schooner »Solid«, Unterscheidungszeichen LCBD, verliess am 27. Mai 1881 mit einer Ladung Stückgüter den Hafen von Hongkong, um nach Nicolajew am Amur zu segeln. Geführt wurde das Schiff von dem Schiffer Eduard Nikolaus Alexander Wiese aus Heiligenhafen. Die übrige Besatzung bildeten der Steuermann J. Hoye und 5 Matrosen. Der Tiefgang des Schiffes betrug 12½ Fuss. Am 7. Juli 1881 erreichte man Castries Bay, eine kleine im russischen Amurgebiete liegende Seestadt. Nachdem man hier zwei russische Lootsen an Bord genommen hatte, segelte man unter deren Commando mit ziemlich starkem südlichen Winde nordwärts weiter. Abends um 6 Uhr stiess das Schiff der Mündung des Amur gegenüber, ungefähr 6 deutsche Meilen nordöstlich von Castries Bay, auf der Saglialin Bank auf den Grund. Es gelang freilich nach ¾ Stunden wieder abzukommen; während dieser Zeit hatte das Schiff aber sehr heftig gestossen und mehrere grosse Seen von achtern über Deck genommen, so dass die Cajüte ganz mit Wasser gefüllt war; auch hatten sich die Nähte des Decks gegeben, das obere Band der Ruderpinne war gebrochen und das Ruder selbst gespalten. Die Schäden wurden im Weitersegeln so gut wie thunlich ausgebessert, man vermochte auch durch angestrengtes Pumpen das Schiff einigermassen lenz zu halten, es machte per Stunde ungefähr 5½ Zoll Wasser. Man erreichte glücklich den Amur. Am nächsten Tage Mittags 12 Uhr jedoch gerieth das Schiff bei abnehmendem Wasser innerhalb der Barre wieder fest. Erst am folgenden Tage Morgens 10 Uhr, als das Wasser gestiegen war und man alle Segel beigesetzt hatte, konnte man den Fluss weiter hinauf segeln. Man war indess nur ungefähr eine Stunde nach Anweisung der Lootsen bei heller Luft weiter gesegelt, als man auf eine Steinbank stiess und wieder festsass. Alle Versuche, von der Steinbank abzukommen, misslangen. Das Schiff blieb hier bis zum 16. Juli, also volle sieben Tage, liegen. Am 14. Juli war der Schiffer mit zwei Mann in einem Boote nach Nicolajew gefahren und am Abend mit einem Dampfer und einem Leichterfahrzeuge zurückgekehrt. Nachdem man am 16. Morgens einen Theil der Ladung gelöscht hatte, wurde das Schiff gegen 12 Uhr Mittags bei hohem Wasser von einem russischen Kanonenboot, welches gerade vorbeikam und seine Hülfe anbot, abgeschleppt. Während der Zeit, wo das Schiff auf der Steinbank sass, stiess es bei hohem Wasser sehr heftig, bei niedrigem Wasser lag es ganz auf der Seite und hatte beim Kiel nur ungefähr drei Fuss Wasser. Durch angestrengtes Pumpen wurde das eindringende Wasser thunlichst beseitigt. Wegen widrigen Windes vermochte man erst am Nachmittage des 21. Juli den Hafen von Nicolajew zu erreichen.

Nachdem der Rest der Ladung gelöscht war, wurde das Schiff auf Anhalten des Schiffers von Sachverständigen untersucht. Diese, die Schiffer Stoltze von der deutschen Bark »Tay-Lee«, Jensen vom schwedischen Schooner »Heimann«, Lemmelmann von der deutschen Bark »Orient« und der Commandant des russischen Kanonenbootes, erklärten übereinstimmend, dass das Schiff nicht segeln könne, bevor es in einem Dock oder auf einem Helgen gründlich reparirt worden. Da solches sich weder in Nicolajew noch in einem andern in der Nähe liegenden Orte bewerkstelligen liess, wurde das Schiff unter Zustimmung des Eigenthümers, Schiffsrheders Koch in Heiligenhafen, am 25. August 1881 an Ort und Stelle öffentlich meistbietend verkauft. Der erzielte Erlös betrug 7062 Rubel.

Es ist leider in seemännischen Kreisen eine offenkundige Thatsache, dass die russischen Lootsen im Amurgebiete mit dem Fahrwasser, in welchem sie Dienste leisten, meist sehr ungenügend bekannt sind, weshalb denn auch die Assecuranz-Compagnien für Schiffe, welche dieses Gebiet befahren, die Prämien um 1% zu erhöhen pflegen. Die Unfälle, welche den Schooner »Solid« betroffen haben, liefern dafür einen neuen Beweis, sie fallen ausschliesslich den russischen Lootsen zur Last, welche mit dem Fahrwasser offenbar nicht so genügend bekannt gewesen sind, wie es erforderlich ist, um ein Schiff ungefährdet von Sandbänken und Klippen den Amur hinauf zu lootsen.

139. Spruch des Seeamts zu Rostock vom 31. Januar 1882, betreffend den Seeunfall der Brigg „Luna“ von Rostock.

Schiff in der Nordsee leck geworden und in Folge Unklarwerdens der Pumpen an der jütischen Küste auf Strand gesetzt.

Der Spruch des Seeamts lautet:

dass der vorliegende Unfall, welcher die Besatzung bewog, das Schiff auf den Strand zu setzen und dessen gänzlichen Verlust, sowie den Tod des Schiffers, der Matrosen Brecinsky und Kunath, des Halbmannes Ustarbowsky und des Kochs Hannemann zur Folge hatte, wesentlich verursacht ist durch den Zusammenbruch des Pumpensoods und das dadurch herbeigeführte Unklarwerden der Pumpen, und der Zusammenbruch des Pumpensoods wenigstens theilweise auf das hohe Alter des Schiffes zurückgeführt werden muss.

Entscheidungsgründe. I. Inhalts der Registeracten ist die in Rostock beheimathete, zu 209 Register-Tons vermessene Brigg »Luna«, Unterscheidungssignal MCNR, ebendaselbst im Jahre 1843 aus Eichenholz erbaut und im Jahre 1879 öffentlich meistbietend mit Inventar für 4000 ℳ. an die Schiffer C. Gärtner zu Warnemünde und Wilh. Jörn zu Rostock verkauft worden, welche sie bis zum Frühling 1881 gemeinschaftlich, und zwar Gärtner als Schiffer und Jörn als Steuermann, gefahren haben. Dann verkaufte Jörn seinen Antheil am Schiffe für 2000 ℳ. an den Kaufmann Körner zu Rostock, während Gärtner die Führung der Brigg bis kurz vor seinem im Herbst 1881 erfolgten Ableben beibehielt, worauf dieselbe dem bisherigen Steuermann Ernst Schütz aus Rostock übertragen ward.

II. Ihre letzte Reise machte die Brigg im Herbst 1881 von Poole an der Südwestküste Englands nach Burntisland an der Ostküste Schottlands in Ballast, um dort Kohlen für Rostock zu laden. Dieselbe verlief nach den Angaben der überlebenden Mannschaft zum Verklarungs-Protocoll d.d. Thisted 19. October 1881 und zum Protocolle des Seeamts vom 24. desselben Monats, mit denen die Aufzeichnungen zum Schiffsjournal im wesentlichen übereinstimmen, folgendermassen:

Am 5. October 1881 ging die Brigg unter Führung des Schiffers Schütz von Poole aus in See. Die Mannschaft bestand aus 7 Personen, nämlich:

dem Steuermann Wilh. Johannsen aus Riga, den Matrosen Johann Karschnia, Johann Brecinsky und Johann Kunath aus der Gegend von Danzig, den Halbleuten Franz Ustarbowsky und Jacob Mislisch ebendaher und endlich dem Koch und Zimmermann Carl Hannemann aus Rostock.

Die Ausrüstung war, soweit ermittelt, vollständig und gut. Nachdem der Canal glücklich durchsegelt war, wurde der Curs bei westlichem Winde nach NzW und NNW genommen. Vom 10. October an, an welchem Tage die Brigg nach Schätzung des Steuermanns nur noch etwa 90 Seemeilen vom Firth of Forth entfernt war, wüthete ein rasender Sturm aus WNW und aus West. Die See war sehr hoch und die Brigg ward furchtbar hin und hergeworfen, verfolgte aber noch bis zur Nacht vom 13./14. October weiter nördlichen Curs. Dann sah sich jedoch der Schiffer, weil das Schiff inzwischen leck gesprungen war und die Pumpen nach dem Zusammenbruch der den Pumpensood von dem Kohlenkeller scheidenden Bretter begannen von Kohlen unklar zu werden, gezwungen, mit OzN Curs nach der norwegischen Küste abzuhalten. Alle Versuche, die Pumpen wieder klar zu machen, scheiterten und da das Wasser bereits mehrere Fuss hoch im Raum stand und den Ballast hin und her wusch, so dass auch dieser in dieselben eindrang, so versagten sie bald ganz den Dienst. Bei dem schweren Arbeiten in der wilden See hatte sich das Schiff bereits in allen Theilen stark begeben, so dass sich schon einzelne Decksbalken lockerten. Als am Abend des 14. October in WNW das Feuer von Lindesnäs in etwa 3 Seemeilen Abstand gesichtet wurde, sprang der Wind, welcher Tags über aus Süd und SO geweht hatte, nach NNW um und wuchs wieder zum Sturm an. Da es unmöglich schien, gegen Wind und See mit dem tief liegenden und mehr und mehr manövrirunfähig werdenden Schiffe aufzukreuzen, so liess der Schiffer wenden und mit OzS Curs auf die jütische Küste abhalten, um dort einen Hafen zu erreichen oder, falls das nicht gelingen sollte, die Brigg auf den Strand zu setzen. Die Nacht über, während man das Skagerrack durchsegelte, ward von Neuem versucht, die Pumpen wieder klar zu bekommen, was indess auch jetzt misslang. Am 15. October Vormittags kam die jütische Küste in Sicht. Die Brigg war fast voll Wasser und die Hoffnung, noch einen Hafen zu erreichen, musste aufgegeben werden. Aber die See war so brechend, dass der Schiffer Anstand nahm, das Schiff sofort auf den Strand zu setzen, vielmehr beschloss, vorläufig noch südlich längs der Westküste Jütlands hinzulaufen. Das Wasser stand im Raume damals bereits 7 Fuss hoch, der Wind wehte noch immer sturmartig aus NW; Nachmittags 2 Uhr endlich entschloss man sich, den Strand zu nehmen, setzte noch die Fock- und das Ober-Marssegel und hielt mit OSO Curs gerade auf die etwa noch 5 Seemeilen entfernte Küste ab. Nach einer Stunde stiess die Brigg durch und kam dann in einer furchtbaren Brandung, etwa 300 Fuss vom Ufer entfernt, fest. Gleich die erste See schlug das ganze Heck fort, so dass das Ruder auf das Deck flog, die zweite warf die Brigg parallel der Küste mit dem Bug nach Süden, zertrümmerte Boote, Roof und Cajüte und nun war jeden Augenblick der gänzliche Aufbruch des Schiffes zu erwarten. Nothsignale waren zwar gesetzt, aber durch die Brandung vom Lande aus mit einem Boote hindurch zu kommen, war unmöglich und die Rettungsapparate waren beschäftigt, die Besatzung eines anderen, kurz zuvor gestrandeten Schiffes abzubergen. Jetzt rief Schiffer Schütz seinen Leuten zu, sie sollten mit ihm über Bord springen und versuchen, schwimmend das Ufer zu erreichen. Steuermann Johannsen rieth hiervon ab, weil der rechte Zeitpunkt noch nicht gekommen sei und der Matrose Karschnia sowie der Halbmann Mislisch folgten seinem Rathe, während der Schiffer, die Matrosen Brecinsky und Kunath, der Halbmannn Ustarbowsky und der Koch Hannemann vom Bugspriet aus in die See sprangen und sämmtlich ertranken. Inzwischen hatte sich die Brigg nach Steuerbordseite übergelegt und die Masten waren durch den Boden geschoben. Der Steuermann und seine beiden Gefährten hielten sich am Fock-Geitau fest. Da kamen wieder mehrere grosse Seen, der Rest des Wrackes zerbrach und die auf letzteren Zurückgebliebenen wurden mit den Trümmern an das Land geworfen, wo man sie glücklich auf das Trockene zog.

III. Anlangend die Seetüchtigkeit der Brigg bei Antritt ihrer letzten Reise, so haben der Steuermann Johannsen und die beiden mit ihm Geretteten übereinstimmend angegeben,

> dass dieselbe noch in gutem Stande und bei nicht gerade schlechtem Wetter durch etwa viertelstündiges Pumpen auf jeder Wache lenz zu halten gewesen sei,

und der vormalige Schiffer Jörn, welcher, wie oben angeführt ist, 2 Jahre lang bis zum Frühling 1881, als Steuermann auf derselben gefahren, hat sich in gleichem Sinne ausgesprochen und weiter endlich bezeugt, im Frühling 1880 seien in Rostock bedeutendere Reparaturen zum ungefähren Kostenbetrage von 1 200 ℳ. an dem Schiffe vorgenommen und im October desselben Jahres sei es in London calfatert, zum Theil neu verbolzt und mit einigen neuen Planken versehen, worauf die Baumeister Moodie und Gumpert daselbst es für vollkommen seetüchtig erklärt hätten. Classe hatte die Brigg schon seit Jahren nicht mehr.

IV. Wenn sich das Seeamt nun zur Prüfung der Frage nach der Ursache des vorliegenden, so betrübenden Seeunfalles wendet, so sieht es

1. dieselbe zunächst in dem Leckspringen der Brigg während der Nacht vom 13./14. October 1881. Denn der Leck war es, welcher den Schiffer veranlasste, auf die norwegische Küste abzuhalten, und ihn, als er bei der starken Zunahme des Wassers im Raume und dem eingetretenen conträren Winde dieselbe nicht mehr zu erreichen vermochte, zwang, das schliesslich fast manövrirunfähig gewordene, dem Sinken nahe Schiff an der jütischen Küste auf den Strand zu setzen.
2. Aber der Leck allein würde zu diesem Ausgang nicht geführt haben. Nach den Angaben der überlebenden Mannschaft und nach den Eintragungen im Journal ist anzunehmen, dass derselbe keineswegs so bedeutend war, dass man nicht das eindringende Wasser mit den Pumpen vollkommen zu bewältigen im Stande gewesen wäre, und man würde trotz seiner die Reise haben fortsetzen und den Bestimmungshafen erreichen können. Erst als der Pumpensood zusammengebrochen war und nun die Pumpen anfingen, von Kohlen unklar zu werden, dann aber ganz den Dienst versagten, ward letzteres unmöglich. Grade dadurch aber wurde der Schiffer bewogen, den bisherigen Curs aufzugeben und demnächst, als sich, weil die Pumpen nicht mehr bedient werden konnten, das Schiff mehr und mehr mit Wasser füllte, gezwungen, den Strand zu nehmen. Somit bildet der Zusammenbruch des Pumpensoodes und die dadurch herbeigeführte Untauglichkeit der Pumpen die eigentliche Ursache des vorliegenden Seeunfalles.
3. Sowohl das Leckspringen der Brigg wie der Zusammenbruch des Pumpensoodes sind unzweifelhaft in erster Linie als eine Folge der orkanartigen Stürme und der furchtbaren See zu betrachten, mit denen die Brigg vom 10. October an

zu kämpfen hatte. Aber in zweiter Linie wird dazu nach Ansicht des Seeamtes auch das Alter der Brigg und die dadurch geminderte Widerstandsfähigkeit derselben mitgewirkt haben. Denn ein nahezu 40 Jahre altes Schiff kann nicht mehr diejenige Festigkeit im Verbande seiner einzelnen Theile besitzen, welche erforderlich ist, um die Angriffe der See bei schwerem Wetter zu bestehen.

Ob die Brigg bei Beginn der letzten Reise überall noch seetüchtig gewesen ist, hat nicht thatsächlich festgestellt werden können, die Frage aber, ob die Reparaturen, welche in den letzten Jahren an derselben vorgenommen wurden, für ausreichlich zu erachten sind oder nicht, darf hier, da sowohl Schiffer Gärtner wie Schiffer Schütz, welche die Verantwortlichkeit dafür trugen, nicht mehr am Leben sind, auf sich beruhen und ebenso die weitere Frage, ob Schiffer Schütz, welcher nur die Steuermannsprüfung und nicht auch die Schifferprüfung bestanden hatte, befugt war, ein Schiff von der Grösse der »Luna« zu führen.

V. Die von Schiffer Schütz auf der Reise zur möglichen Rettung von Schiff und Mannschaft getroffenen Anordnungen können nur als sachgemässe und durch die Lage der Brigg gebotene bezeichnet worden. Nach dem Auftreten des Leckes und dem Unklarwerden der Pumpen war es richtig, vor dem Winde auf die norwegische Küste abzuhalten; als diese bei dem nach NNW umgesprungenen Winde nicht mehr erreicht werden konnte, blieb nichts übrig, als einen Nothhafen an der jütischen Küste aufzusuchen, und als inzwischen die Brigg sich fast ganz mit Wasser angefüllt hatte und dem Sinken nahe war, bestand die einzige Möglichkeit, das Leben der Besatzung zu retten, in der freiwilligen Strandung.

VI. Das geborgene Schiffsjournal ist im übrigen ordentlich und den gesetzlichen Bestimmungen entsprechend geführt worden, nur fehlt überall die Unterschrift des Schiffers und des Steuermanns, welche Artikel 487 des deutschen Handelsgesetzbuches ausdrücklich vorschreibt.

140. Spruch des Seeamts zu Stralsund vom 1. Februar 1882, betreffend den Seeunfall des Schooners „Anna Louise“ von Barth.

Der Spruch des Seeamts lautet:

dass der Seeunfall, bei welchem der Schooner »Anna Louise« von Barth auf der Reise von Stralsund nach Kiel am 2. Mai 1881 Morgens 2 Uhr auf Sprogö-Riff gestrandet ist, durch mangelhafte Navigation des Schiffers in Verbindung mit dem dicken Wetter und der Südströmung im grossen Belt verursacht worden ist, dass der Schiffer den Unfall durch Unterlassungen verschuldet hat und dass demselben die Befugniss zur Ausübung des Schiffergewerbes entzogen werden soll, dass aber kein Grund vorliegt, dem Schiffer Ehlert auch die Befugniss zur Ausübung des Steuermannsgewerbes zu entziehen.

Gründe. Am 2. Mai 1881 Morgens 2 Uhr ist der Barther Schooner »Anna Louise«, Unterscheidungssignal JPDW, von 201,3 cbm Netto-Raumgehalt, geführt von dem Eigner und Schiffer auf grosser Fahrt Carl Ehlert, auf der Reise von Stralsund nach Kiel auf Sprogö-Ostriff auf Grund gerathen und am Nachmittage desselben Tages von dem Dampfer »Enigkeden« gegen einen accordirten Bergelohn von 4000 Kronen ab- und in den Hafen von Korsör geschleppt worden. Nachdem durch Taucher festgestellt worden, dass die »Anna Louise« gar keinen Schaden genommen, hat dieselbe am 6. Mai die Reise fortgesetzt und am 8. Mai ihren Bestimmungshafen Kiel ohne weiteren Unfall erreicht.

Das Schiff hatte am 22. April 1881 mit einer Besatzung, bestehend aus dem Schiffer, einem Matrosen und einem Halbmann, und mit einer Ladung Weizen die Reise angetreten und an der pommerschen Küste entlang ohne Unfall bis Darsser-Ort fortgesetzt. Am 1. Mai Nachmittags kam Darsser-Ort-Feuerthurm auf 4 Seemeilen Abstand im Osten aus Sicht. Von da ab war das Wetter dick, es herrschte gewöhnliche Brise aus südwestlicher Richtung. Bis zum 1. Mai Nachmittags 2 Uhr sind die gesegelten Curse und Distanzen in das Schiffsjournal eingetragen. Um diese Zeit — der Wind war nach WNW umgegangen — sollte das Schiff zwischen Fehmarn und Laaland stehen. Der Schiffer, welcher seinem Besteck nicht traute, beschloss jetzt, das Loggen zu unterlassen und nur das Loth zu gebrauchen; er kreuzte gegen flauen westlichen Wind, indem er jedesmal, wenn das Loth wenig Tiefe zeigte, über den andern Bug ging. Am 2. Mai Morgens 2 Uhr kam das Schiff plötzlich fest; bald darauf kam im WNW½W ein Feuer in Sicht, dessen Identität der Schiffer nicht feststellen konnte; als um 8 Uhr Morgens der an Bord kommende Lootse dem Schiffer Ehlert klar machte, wo er sei, war dieser überaus erstaunt. Derselbe constatirte, dass das Schiff mit Steuerbordbug längs dem Riff stand und dass eine starke Strömung nach Norden lief.

Dieser Seeunfall ist nach dem Spruch des Seeamts durch die mangelhafte Navigirung des Schiffers, das dicke Wetter und die ausserordentlich starke Strömung verursacht worden, welche von Süden her aus der Ostsee in den grossen Belt gesetzt hat.

Der erste und schwerwiegendste Vorwurf, welcher den Schiffer trifft, ist der, dass er es unterlassen hat, in den letzten 12 Stunden vor der Strandung Curse und Distanzen zu berechnen und darnach die Fahrt seines Schiffes zu regeln. Während dieser Zeit hat der Schiffer nichts weiter für die Feststellung der Fahrrichtung des Schiffes gethan, als durch Lothen sich Gewissheit verschafft, wann es Zeit sei, um über den andern Bug zu gehen.

Diese Handlungsweise, sowie überhaupt das Verhalten des Schiffers Ehlert, seitdem die letzte Landmarke — Darsser-Ort-Feuerthurm — aus seinem Gesichtskreis verschwunden war und das dicke Wetter die Navigation nach Landmarken verhinderte, haben dem Seeamte die Ueberzeugung verschafft, dass der Schiffer Ehlert nicht die Befähigung besitzt, die Hülfsmittel, welche die nautischen Wissenschaften zur Orientirung an die Hand geben, richtig anzuwenden. Abgesehen von den Mängeln in der Führung des Journals, von den Verbesserungen und nachträglichen Zusätzen in demselben, hat der Schiffer auch, wie die von ihm benutzte und vorgelegte Seekarte ausweist, die ermittelten Curse und Distanzen — bis zum 1. Mai 2 Uhr Nachmittags — gar nicht in die Karte eingetragen, mithin gar nicht versucht, die Stellung seines Schiffes zu ermitteln. Es ist dies schon eine Pflichtverletzung, welche nur dadurch übertroffen wird, dass der Schiffer seit dem letztgedachten Zeitpunkte, wie er selbst im Journal vermerkt und in der mündlichen Verhandlung zugestanden hat, »das Logg weggelassen» und Curse und Distanzen weder abgesetzt noch überhaupt berechnet hat. Wenn der Schiffer diese Unterlassung durch das Lothen ersetzen zu können vermeint, so irrt er. Nur in Verbindung mit der

Besteckberechnung kann das Lothen über die Stellung des Schiffes Auskunft geben. Der Schiffer hat nach dem Journal freilich auch jede Wache gelothet, so lange er noch Curse und Distanzen berechnet hat, da er aber dieselbe nicht auf der Karte abgesetzt hat, war das Lothen zur Controle dieser Berechnungen nicht zu benutzen. Es muss auch angenommen werden, dass diese Berechnungen schon irrige gewesen sind. Angenommen, dass sie richtig seien, so müsste das Schiff innerhalb der 12 Stunden vom 1. Mai Nachmittags 2 Uhr bis zur Strandung 30 und einige Seemeilen nach Norden versetzt sein, eine kaum glaubliche Abweichung vom Curse, selbst wenn man berücksichtigt, dass das Schiff nur kleine Segel geführt hat. Wahrscheinlich ist, dass das Schiff schon am 1. Mai Nachmittags in der Nähe der Einfahrt in den grossen Belt gewesen ist und seitdem zwischen Laaland und Langeland aufgekreuzt hat. Da aber das Journal weder über Windrichtung noch über Curs und Distanz Auskunft giebt, so konnte hierüber Bestimmteres nicht festgestellt werden, das Seeamt musste sich begnügen, auszusprechen, dass eine sehr starke Stromversetzung stattgefunden habe.

Den Schiffer Ehlert trifft aber noch ein zweiter Vorwurf. Da er sich selbst darüber klar war, dass sein Besteck — wie er es nennt — nicht richtig sei, und da er selbst also darüber im Unklaren war, wo er sich überhaupt befand, so wäre es seine Pflicht gewesen, bei irgend günstiger Gelegenheit zu ankern und das Aufklaren des Wetters abzuwarten. Der Schiffer behauptet zwar, dass eine solche Gelegenheit sich nicht geboten habe, dass vielmehr überall der Seegang ein so starker gewesen sei, dass er das Brechen seiner sonst guten Ankerketten habe befürchten müssen. Dieser Einwand erscheint nicht stichhaltig. Der Wind, welcher nach den ordnungsmässigen Aufzeichnungen im Journal fortdauernd eine westliche Richtung gehabt hat und welcher später noch einmal im Journal als »flau westlich« bezeichnet ist, war überlandig, als das Schiff, was ja beim Kreuzen zweifellos stattgefunden haben muss, in die Nähe von Langeland gekommen ist; es kann mithin gar nicht zweifelhaft sein, dass der Schiffer Gelegenheit zum Ankern gehabt hat; und wenn nicht, so musste derselbe es trotzdem versuchen, ob Anker und Kette nicht hielten, anstatt das Leben der Besatzung und die werthvolle Ladung durch eine Fahrt ins Ungewisse aufs Spiel zu setzen.

Da diese schweren Pflichtverletzungen insoweit zur Herbeiführung des Seeunfalls mitgewirkt haben, als das Schiff dadurch den ungünstigen Stromverhältnissen preisgegeben wurde, da ferner seitens des Reichscommissars ein desfallsiger Antrag gestellt worden ist, und da endlich das Seeamt die Ueberzeugung gewonnen hat, dass dem Schiffer Ehlert die Eigenschaften zur selbständigen Führung eines Seeschiffes insofern mangeln, als er sich bei Eintritt von dickem Wetter rath- und hülflos gezeigt hat, so hat das Seeamt auf Grund des §. 26 des Gesetzes vom 27. Juli 1877 dem Schiffer Ehlert die Befugniss zur Ausübung des Schiffergewerbes entzogen.

Dem weitergehenden Antrage des Reichscommissars, dem Schiffer Ehlert auch die Ausübung des Steuermannsgewerbes zu untersagen, hat das Seeamt nicht entsprochen, weil aus den Verhandlungen nicht festgestellt worden ist, dass dem Ehlert die nautischen Kenntnisse mangeln, welche zur Ausübung des Steuermannsgewerbes erforderlich sind, und es sehr wohl möglich erscheint, dass der Ehlert die Stellung eines Steuermanns unter Aufsicht eines Schiffers ausfüllen kann und auch die einem solchen obliegenden Pflichten erfüllen wird.

Demgemäss ist der Spruch des Seeamts, wie geschehen, gefällt worden.

141. Spruch des Seeamts zu Emden vom 11. Februar 1882, betreffend den Zusammenstoss des Schooners „Charlotte“ von Papenburg mit der norwegischen Bark „Vidar“ von Risoer.

Der Spruch des Seeamts lautet:

Die Ansegelung des Schooners »Charlotte« von Papenburg durch die norwegische Bark »Vidar« von Risoer ist durch mangelhaftes Manövriren des die Bark führenden englischen Lootsen veranlasst und dem Schiffer Pohlenga kein Verschulden an diesem Unfalle zur Last zu legen.

Entscheidungsgründe. Der mit dem Heimathshafen Papenburg im Schiffsregister verzeichnete Schooner »Charlotte«, Unterscheidungssignal HKGPF, erbaut im Jahre 1863 zu Delfzyl, vermessen zu $288,_{3}$ cbm = $101,_{77}$ Register-Tons Netto-Raumgehalt und beim Bureau Veritas zu 5/6 1. 1. classificirt, welcher am 11. April 1881 mit einer nach Malmoe bestimmten Ladung

Steinkohlen von Grangemouth ausgegangen war, seit dem 14. April aber contrairer Winde wegen auf der Rhede von Leith vor Anker gelegen hatte, ist daselbst am 19. April 1881, Nachmittags gegen 2 Uhr, mit der norwegischen Bark »Vidar« von Risoer, welche unter Führung eines englischen Lootsen nach Boness aufsegelte, in Collision gerathen. Als die Bark, welche in einiger Entfernung gleichfalls vor Anker gelegen hatte, sich der »Charlotte« näherte, wurde der Mannschaft der letzteren von der ersteren aus zugerufen, Kette zu stechen, dieser Aufforderung wurde auch entsprochen, gleichwohl jedoch die »Charlotte« an Steuerbord mittschiffs getroffen. Es brachen die Verschanzung und einige Stützen, auch wurde das Boot und die Takelage beschädigt, übrigens liess der Führer der Bark die entstandenen Beschädigungen auf seine Kosten repariren, erstattete auch die der »Charlotte« erwachsenen Hafen- und Lootsgelder und konnte letztere bereits am 25. April ihre Reise wieder antreten.

Gleichwohl will der englische Lootse, welcher die norwegische Bark führte, die Schuld der Collision der »Charlotte« zuschieben, indem er behauptet, dass, als er sich der »Charlotte« genähert habe, Niemand von der Mannschaft derselben auf Deck gewesen, in Folge dessen der Aufforderung, Kette zu stechen, erst nach der Collision entsprochen sei, bei rechtzeitigem Kettestechen aber die Collision überhaupt nicht erfolgt sein würde. Gegen die Richtigkeit dieser Behauptungen muss schon der Umstand Zweifel erwecken, dass der Führer der Bark sich sofort zum Schadenersatz hat bereit finden lassen, es kommt aber ferner hinzu, dass auch der zu den Akten gelangte Auszug aus dem Journal der »Vidar« derselben überhaupt nicht erwähnt, vielmehr die starke Strömung als die Ursache der Collision bezeichnet und stehen jene Behauptungen endlich mit den Angaben des Schiffers und des Steuermanns der »Charlotte« in direktem Widerspruche. Nach den letzteren hat sich der Steuermann der »Charlotte« mit zwei Matrosen bei der Annäherung der »Vidar« auf Deck befunden und ist der Aufforderung, Kette zu stechen, sofort, und zwar vor der Collision, genügt worden. Die Aussage des Steuermanns ist beeidigt, sie findet durch die sonst constatirten vorerwähnten Thatumstände weitere Unterstützung und erscheint nach allem diesen der Sachverhalt genügend aufgeklärt. Auf die vom Reichscommissar beantragte Aussetzung der Verhandlung war somit nicht einzugehen, noch weniger aber dem eventuellen Antrage stattzugeben, dem Schiffer Pohlenga das Patent als Schiffer zu entziehen, da sich aus den obigen Feststellungen mit völliger Evidenz ergiebt, dass dem Führer der »Charlotte« ein Verschulden an der hier fraglichen Collision in keiner Weise wird beigemessen werden können. Dass die »Vidar« der vor Anker liegenden »Charlotte« aus dem Wege zu gehen hatte, ist zweifellos und war es daher Sache des die »Vidar« führenden Lootsen, diejenigen Schwierigkeiten, welche sich dem Freilaufen der beiden Schiffe entgegenstellten, durch angemessenes Manövriren zu überwinden, bezw. die Fahrt mit der »Vidar« nicht früher anzutreten, bevor er sich von der desfallsigen Möglichkeit überzeugt hatte.

---

142. Spruch des Seeamts zu Stettin vom 11. Februar 1882, betreffend den Zusammenstoss des britischen Schooners „Fantasy" mit dem Schraubendampfer „Melida" von Stettin.

Der Spruch des Seeamts lautet:

dass die Collision des Dampfers »Melida« mit dem britischen Schooner »Fantasy« am 15. October 1881 im Hafen von Swinemünde, welche das Sinken der »Fantasy« zur Folge hatte, lediglich durch widrige Witterungsverhältnisse verursacht worden ist.

Gründe. Am Morgen des 15. October 1881 kam Schiffer Kroll mit dem Dampfer »Melida« aus See in den Hafen von Swinemünde und legte das Schiff am Bollwerk fest. Die Fahrt durch den Hafen die Swine hinauf war an jenem Tage schwierig, weil die darin ankernden Schiffe des ausgehenden Stromes und orkanartigen Westwindes wegen soweit nach Osten hinüber schwajten, dass sie nur eine schmale Durchfahrt an der östlichen Seite freiliessen. Schiffer Kroll wünschte jedoch, da seine Reise sich bereits erheblich verzögert hatte, so schnell wie möglich nach Stettin zu kommen; er fragte deshalb bei dem Ober-Lootsen an, ob er die Fahrt fortsetzen dürfe und bat, als dieses bejaht wurde, der Sicherheit wegen um einen Lootsen, dessen er gesetzlich nicht bedurft hätte. Den Auftrag zur Führung des Schiffes erhielt der Revierlootse Struckhoff, der seinerseits diesen Auftrag übernahm, ohne irgend welche Bedenken zu äussern, da auch nach seinen eigenen Beobachtungen, die er vorher bereits angestellt hatte, ein Passiren des Schiffes ohne Gefahr möglich war. Der Sturm, welcher gegen früher überhaupt etwas nachgelassen hatte, hatte Pausen, in denen er noch mehr abnahm. Eine dieser Pausen benutzte der Lootse und ging in langsamer Fahrt mit dem Schiffe vorwärts. Er selbst stand am Ruder, der Schiffer Kroll bediente den Telegraphen und neben diesem stand ein anderer Schiffer, der als Passagier mitfuhr. Trotz des allmälig wieder stärker werdenden Sturmes ging die Fahrt Anfangs glücklich. Alle hin- und herschwajenden Schiffe wurden ohne Unfall passirt bis auf den vor dem englischen Schooner »Fantasy« liegenden Schooner »Ebenezer«, den die »Melida« am Heck leicht streifte und einen Splitter abriss. Schon vorher hatte der Lootse das Ruder der »Melida« Steuerbord gelegt. Nun legte er es hart Steuerbord, um lieber sein Schiff auf den östlichen Grund zu setzen, als die »Fantasy« zu treffen. Aber als die »Melida« von dieser nur noch etwa eine Schiffslänge entfernt war, parirte sie plötzlich dem Ruder nicht mehr, wofür der Grund vermuthlich darin lag, dass das Schiff, welches 13½ Fuss tief ging, während an jener Stelle in Folge des ausgehenden Stromes die Wassertiefe nur ungefähr 14 Fuss betrug, nicht genügendes Wasser unter dem Kiel hatte. Gleichzeitig warf eine plötzlich durchkommende Böe die »Fantasy« quer in den Strom. Der Lootse liess die Maschine der »Melida« sofort rückwärts gehen und auch den Anker fallen. Indessen konnte hierdurch nur noch die Wirkung des Zusammenstosses abgeschwächt, letzterer selbst nicht mehr verhindert werden, denn die Schiffe hatten sich damals bereits bis auf eine Distanz von 50 bis 60 Schritten genähert und lag die »Fantasy« gerade im Curse der »Melida«. Die Collision erfolgte denn auch kurze Zeit darauf in der Weise, dass die »Melida« die »Fantasy« hinter dem Grosswant auf der Steuerbordseite traf. Mit wie geringer Geschwindigkeit die »Melida« sich damals nur noch bewegte, ergiebt sich daraus, dass die Planken der »Fantasy« nur eingedrückt, nicht durchbrochen waren, obgleich sie von schlechter Beschaffenheit waren. Dennoch war die Beschädigung der »Fantasy« so gross, dass das durch die Oeffnung massenhaft eindringende Wasser sie in etwa ½ Stunde zum Sinken brachte. Die Besatzung derselben rettete sich in den Booten an das Land. Der Schiffer und Steuermann der »Fantasy« machen es den Führern der »Melida« zum Vorwurf, dass sie nicht auf die Zurufe und Zeichen geachtet haben, welche jene der »Melida« machten, als letztere noch etwa 500 Schritte von der »Fantasy« entfernt war. Dieser Vorwurf erscheint jedoch nicht begründet. Die auf der »Melida« befindlich gewesenen Personen bekunden übereinstimmend, dass sie dergleichen Zeichen nicht wahrgenommen und namentlich Rufe bei dem grossen Sturm in der angegebenen Entfernung überhaupt nicht hätten hören können, sie haben übrigens nur eine Person auf der »Fantasy« gesehen. Nach der beschriebenen Sachlage konnten aber auch Zeichen den Führern der »Melida« nichts nützen, denn nicht in Folge ihrer Nachlässigkeit und eines Uebersehens der »Fantasy« erfolgte der Unfall, sondern wegen Hindernisse, deren sie nicht Herr werden konnten.

Andererseits machen aber die Führer der »Melida« dem Schiffer der »Fantasy« den, wie es scheint, begründeteren Vorwurf, dass er das Sinken des Schiffes verursacht habe, dadurch nämlich, dass er und seine Leute statt Kette zu stechen und sich auf den Ostgrund treiben zu lassen, nur an ihre eigene Rettung dachten, die Boote hinabliessen und sich in diese begaben.

Der Reichscommissar ist der Ansicht, dass sowohl der Schiffer Kroll als der Lootse nicht ganz von einer Verschuldung an dem Unfalle freizusprechen seien, wenngleich er dieselbe nicht für so gross halte, um Anträge auf Concessionsentziehung zu stellen. Er sieht diejenige des Schiffers Kroll darin, dass derselbe trotz der bedenklichen Verhältnisse die Fahrt unternommen habe, findet aber ihm gegenüber eine Entschuldigung darin, dass er habe suchen müssen vorwärts zu kommen und die Erlaubniss des Ober-Lootsen für sich gehabt habe. Eine weniger zu entschuldigende Verschuldung des Lootsen findet der Reichscommissar darin, dass derselbe nicht wenigstens versucht habe, dem Ober-Lootsen höfliche Vorstellungen rücksichtlich der Erlaubniss bezw. des Auftrages zur Fahrt zu machen.

Das Seeamt hat sich jedoch dieser Auffassung nicht anschliessen können. Der Schiffer Kroll hat nichts versäumt, wenn er sich behufs Feststellung der Zulässigkeit der Fahrt an die competente Person wandte, und das war der Ober-Lootse. Dahingestellt bleiben kann ferner, ob der Lootse, welcher von dem Ober-Lootsen den Auftrag zur Führung der »Melida« erhielt, überhaupt das Recht hatte, auch nur in höflichster Form Gegenvorstellungen zu machen. Aber jedenfalls kann das Unterlassen derselben gegenüber dem Befehle des Vorgesetzten keine Verschuldung für ihn involviren. Denn der Untergebene haftet nur für die richtige Ausführung des Befehls des Vorgesetzten, nicht für die Richtigkeit des Befehls selbst. Uebrigens hatte aber auch der Lootse gar keine Veranlassung, den Befehl des Ober-Lootsen zu bemängeln, da er in der Ansicht, dass die Fahrt angängig war, mit dem Ober-Lootsen übereinstimmte. Fraglich könnte höchstens erscheinen, ob der Ober-Lootse bei Ertheilung der Erlaubniss zur Fahrt bezw. des Auftrags an den Lootsen schuldbar gehandelt habe. Aber auch dies muss nach Lage der Verhältnisse verneint werden, denn zur Zeit der Ertheilung dieser Erlaubniss bezw. dieses Auftrages war eine Gefahr bei geschickter Führung der »Melida«, die durch die Zuordnung eines Lootsen gesichert erschien, noch nicht vorhanden, sondern trat erst während der Fahrt ein.

143. Spruch des Seeamts zu Hamburg vom 20. Februar 1882, betreffend den Seeunfall des Dreimastschooners „Formosa" von Altona.

Schiff beim Ansegeln des Hafens von Niu-tschwang auf Grund gerathen und später als seeuntüchtig condemnirt.

Der Spruch des Seeamts lautet:

Die Ursache der Strandung ist, soweit ermittelt, auf Stromversetzung in Verbindung mit einer häsigen Beschaffenheit der Luft, welche das Feuerschiff von Niu-tschwang nicht rechtzeitig erkennen liess, zurückzuführen.

Schiffer Burgwardt hat seinen Curs am Nachmittag des Strandungstages in Rücksicht auf den Umstand, dass er die Strömung auf Steuerbordbug hatte, unvorsichtig so gewählt, dass er denselben gerade auf das Feuerschiff von Niu-tschwang zusetzte, indem eine Stromversetzung in NzO Richtung von 1½ Seemeilen in der Stunde ihn bei solchem Curs westlich am Feuerschiff vorüber und in gefährliche Nähe der Kae-chu Bank führen musste.

Hätte Schiffer Burgwardt sich die Möglichkeit einer solchen Versetzung vor Augen gehalten, so würde er vorsichtiger Weise am Abend, als er das Niu-tschwang Feuerschiff wider Erwarten nicht in Sicht erhielt, von dem Loth einen häufigeren Gebrauch haben machen müssen.

Thatbestand und Gründe:

Der in Altona beheimathete Dreimastschooner »Formosa«, Unterscheidungssignal LFCG, hat ausweislich der vorgelegten Havariepapiere am 9. October 1881, während das Schiff sich unter Führung des Schiffers H. R. Burgwardt und in Ballast auf einer Reise von Amoy nach Niu-tschwang befand, dadurch Havarie erlitten, dass es die Einfahrt in den in den Golf von Pechili einmündenden Fluss Liau-ho, an welchem Niu-tschwang liegt, verfehlte und westlich von dieser Flussmündung auf den sich dort längs der Küste erstreckenden Sänden — der Kae-chu-Bank — strandete. Obwohl das Schiff später wieder flott wurde und sodann, ohne von der Besatzung aufgegeben zu sein, unter Führung des Schiffers seinen Bestimmungshafen am 14. October 1881 erreichte, hat dieser Unfall doch den Verlust des Schiffes herbeigeführt, indem dasselbe durch das vorherige Stossen auf den Untiefen so schwer gelitten hatte, dass es durch die vom Consul ernannten Besichtiger, namentlich den Lloyd-surveyors in Niu-tschwang und den dortigen Hafenmeister, für vollständig seeuntüchtig und reparaturunfähig erklärt wurde. Das Wrack wurde sodann in öffentlicher Auction meistbietend verkauft und, nach Angabe des Schiffers, vom Käufer abgebrochen.

Die näheren Umstände des Unfalles hat das Seeamt der bei den Havariepapieren befindlichen Verklarung, dem Schiffsjournal und den Aussagen des von der Besatzung des Schiffes allein nach Deutschland zurückgekommenen Schiffers Burgwardt entnommen. Letzterer wurde beeidigt. Die übrige Mannschaft bestand aus einem deutschen Steuermann, einem deutschen Bootsmann und im übrigen aus Malaien und Chinesen und war nach dem Verlust des Schiffs in Niu-tschwang abgemustert worden. Die eidlich aufgenommene Verklarung wurde vor dem deutschen Viceconsul in Niu-tschwang vom Schiffer, Steuermann, Bootsmann und einem Matrosen abgelegt. Ihr Inhalt stimmt mit dem Schiffsjournal überein. Das Schiffsjournal ist im übrigen ordnungsmässig geführt, aber nicht unterschrieben.

Nach dem vorliegenden Beweismaterial ereignete sich der Unfall folgendermassen:

Die »Formosa«, welche sowohl beim Bureau Veritas wie beim Germanischen Lloyd erste Classe hatte und sich seit Februar 1879 unter Führung des Schiffers Burgwardt und seit ungefähr zwei Jahren in den chinesischen Gewässern in Küstenfahrt befand, hatte Amoy am 17. Septembrr 1881 verlassen und befand sich nach einer zum Theil sehr stürmischen Reise am 9. October Mittags bei schönem Wetter und flauer Brise aus SW im Golf von Pechili nach Observation auf 40° 10′ Nord Breite und 121° 19′ Ost Länge, somit nur noch eine kurze Strecke von ihrem Reiseziel entfernt. Das Ergebniss der Beobachtung war nach Angabe des Schiffers auch hinsichtlich der Länge durchaus verlässlich, da er noch am Tage zuvor, als man bei schönem Wetter an der Küste aufsegelte, den Stand des Chronometers auf Grund einer Kreuzpeilung von Iron Island richtig befunden hatte. Schiffer Burgwardt setzte jetzt seinen Curs während der Nachmittagswache auf NOzO, am Abend auf NO½O, und um 7 Uhr noch um einen halben Strich nördlicher, indem er von der Erwartung ausgegangen sein will, dass dieser Curs ihn östlich von Niu-tschwang-Feuerschiff recht auf die Mündung des Liau-ho zuführen werde. Die Luft war häsig und schickte der Schiffer Abends, als er in den Feuerkreis des Leuchtschiffs zu kommen meinte, einen Mann in den Topp, um von dort Ausguck zu halten. Gelothet wurde stündlich und fand man um 5 Uhr 8, um 6 und 7 Uhr 7 Faden und um 8 Uhr plötzlich nur 3 Faden Wasser. Jetzt wurde sofort nach Norden aufgeluvt, das Wasser nahm aber noch mehr ab. Nachdem dann noch mehrfach gewendet war, um das Schiff womöglich noch wieder in tieferes Wasser zu bringen, blieb dasselbe NWzW anliegend auf ganz flachem Wasser festsitzen und stiess nun fortwährend so heftig durch, dass man das Brechen und Herunterfallen der Raaen und Stengen befürchtete. Um 2 Uhr Nachts wurde das Schiff wieder flott, indem es sich mit dem Bug über Nord nach NO herumdrehte und trieb dann eine Strecke ostwärts auf vier Faden Wasser. Hier wurde sofort geankert. Am Mittag des 10. wurde Besteck aufgemacht und observirte man 40° 36′ Nord Breite und 121° 53′ Ost Länge. Da Niu-tschwang-Feuerschiff, von dem man nach diesem Besteck nur ungefähr 7 Seemeilen entfernt gewesen wäre, nicht in Sicht war, so schloss Schiffer Burgwardt, dass sein Chronometer in Folge des heftigen Stossens seinen Gang verändert habe, die Längenbestimmung also eine unzuverlässige sei, wohingegen er im Vertrauen auf die Richtigkeit der Breitenbestimmung sich um mindestens zwei Seemeilen südlich von den Kae-chu-Bänken schätzen und somit bei südlichen Cursen mit Sicherheit tiefes Wasser anzutreffen glaubte. Trotzdem stiess das Schiff, nachdem es ungefähr eine viertel Stunde mit SSO Curs gesegelt war, abermals durch und stiess nun längere Zeit bald festsitzend, bald wieder flott werdend, über Sandbänke fort, bis um 3 Uhr p. m. Niu-tschwang-Feuerschiff in SOzS per Compass in Sicht kam. Man hielt jetzt auf das Feuerschiff zu, erhielt am Abend einen Lootsen an Bord und steuerte unter dessen Commando den Fluss aufwärts, wobei man beobachtete, dass das Schiff schwer leck geworden war und in ruhigem Wasser ungefähr 3 Zoll Wasser in der Stunde machte. Am 14. October ankerte die »Formosa« im Hafen von Niu-tschwang.

Was nun die Ursache der geschilderten Strandung anlangt, so hat Schiffer Burgwardt dieselbe einmal durch eine am Nachmittage des Strandungstages herrschende Strömung, ausserdem auch durch eine Unrichtigkeit der von ihm benutzten Seekarte zu erklären versucht. In ersterer Beziehung hat Schiffer Burgwardt insbesondere noch Folgendes geltend gemacht: Seine Segelanweisung habe ihm angegeben, dass der Fluthstrom in dem in Frage stehenden Meerestheil in NzO Richtung laufe und habe er bei einem früheren Besuch von Niu-tschwang selbst die Beobachtung gemacht, dass der Fluthstrom eher noch etwas östlicher als NzO, nämlich NNO oder NOzO setze. Ein gleiches sei ihm auch vom Lootsen in Niu-tschwang mitgetheilt worden. Da er nun den Fluthstrom an jenem Nachmittage etwa von 1 Uhr ab mit sich gehabt habe, so habe er darauf gerechnet, in östlicher Richtung versetzt zu werden, und demnach mit Sicherheit erwartet, bei seinem gerade auf das Feuerschiff zu gehaltenen Curse östlich von demselben zu kommen. Den Umstand, dass er trotzdem westlich vom Feuerschiff gerathen sei, könne er sich nur daraus erklären, dass in Folge ihm unbekannter Einwirkungen dort zur fraglichen Zeit Unregelmässigkeiten im Laufe des Fluthstroms eingetreten seien, so dass derselbe, statt wie von ihm erwartet, östlich, vielmehr westlich versetzt habe.

Diesen Schlussfolgerungen des Schiffers konnte nicht beigepflichtet werden. Zwar ist — da andere Ursachen nicht nachweisbar erscheinen, insbesondere auch zu einem Zweifel an der Richtigkeit der Mittagsobservation vom 9. October genügender Grund nicht vorliegt — mit dem Schiffer davon auszugehen, dass die äussere Ursache der Strandung in erster Linie in einer Strömung zu erblicken ist, welche auf die »Formosa« eingewirkt hat. Diese Strömung konnte und musste aber den eingetretenen Erfolg, das Schiff westwärts von Niu-tschwang-Feuerschiff zu bringen, gerade dann haben, wenn sie in der ihm durch seine Segelanweisung bezeichneten Richtung, nämlich NzO, setzte. Der Fehler des Bestecks, nach dem der Schiffer sein Schiff navigirte, liegt nicht darin, dass eine irrige Strömung in Rechnung gestellt wurde, sondern darin, dass die Wirkung dieser, soweit das Seeamt zu urtheilen vermag, richtig angenommenen Strömung falsch veranschlagt ist. Schiffer Burgwardt hat sich ersichtlich nicht genügend klar gemacht, dass eine NzO setzende Strömung, wenn sie auch östlicher als nördlich lief, doch von dem am Nachmittag des 9. gesegelten nordöstlichen Curse um drei Strich nach Westen abwich und also, da dieser Curs gerade auf das Feuerschiff zuführte, die Folge haben musste, ihn westlich und nicht östlich von letzteren zu führen. Es muss angenommen werden, dass diese irrige Veranschlagung der Strömung beziehungsweise die Nichtberücksichtigung des Umstandes, dass die »Formosa« die Strömung auf Steuerbordbug hatte, für das Schicksal des Schiffes verhängnissvoll gewesen ist.

Wie weit Schiffer Burgwardt mit der von ihm angenommenen Unrichtigkeit seiner Karte im Rechte ist, hat sich nicht feststellen lassen. Verkannt werden kann nicht, dass die Breitenbeobachtung vom Mittag des 10. October in Verbindung mit dem Umstande, dass der von dieser Breite ab gesegelte Südcurs die »Formosa« wider Verhoffen abermals auf Untiefen führte, an sich geeignet erscheint, eine Ungenauigkeit der Karte wahrscheinlich zu machen.

Dagegen spricht aber wieder der Umstand, dass man bei dem angegebenen Curse das Feuerschiff noch in SOzS in Sicht erhalten haben will, ein Umstand, der zu der Annahme führt, dass man sich am Mittag des 10., als man sein angegebenes Besteck aufmachte, noch beträchtlich nordwärts vom Feuerschiff, also auch im Bereiche der Sände, wie sie auf der Karte niedergelegt sind, befunden haben muss.

Aus der hieraus zu entnehmenden Position des Schiffes am Mittag des 10. rechtfertigt sich auch der Schluss, dass dasselbe am vorhergehenden Abend vor dem Festgerathen schon längere Zeit über flaches Wasser weggesegelt sein muss und dass somit ein häufigerer Gebrauch des Lothes den Schiffer über die Fehlerhaftigkeit seines Curses noch rechtzeitig hätte belehren können.

Entschuldigend für den Schiffer war aber in Betracht zu ziehen, dass es an dem Nachmittag und Abend der Strandung aller Wahrscheinlichkeit nach in hohem Grade häsig gewesen sein wird, indem angenommen werden darf, dass er andernfalls durch Erblicken des Feuerschiffes an Steuerbordseite gewarnt worden wäre und seinen Curs noch rechtzeitig hätte verbessern können.

Denn, wenn ihn der gesegelte Curs unter dem Einfluss des Stromes auch westlich vom Feuerschiff bringen musste, so lässt sich doch vermuthen, dass er in solchem Abstand von demselben passirt ist, dass seine Hoffnung, dasselbe zu sehen, eine berechtigte war.

144. Spruch des Seeamts zu Rostock vom 21. Februar 1882, betreffend den Seeunfall der Brigg „Die Zwillinge" von Rostock.

Schiff in der Nordsee leck geworden und gesunken.

Der Spruch des Seeamts lautet:

dass der Unfall, welcher den Tod von 7 Mann der Besatzung zur Folge hatte, auf den orkanartigen Sturm am 14. October 1881 und den dadurch hervorgebrachten hohen Seegang zurückzuführen und niemanden von der Besatzung ein Verschulden an derselben beizumessen ist.

Entscheidungsgründe. I. Die in Rostock beheimathete Brigg »Die Zwillinge«, Unterscheidungssignal MBQN, ein im Jahre 1838 ebendaselbst aus Eichenholz erbautes und demnächst zu 208,66 britischen Register-Tons Netto-Raumgehalt vermessenes Schiff, verliess am 13. October 1881 Newcastle mit einer aus Kohlen und etwa 8 Tons Schleifsteinen bestehenden Ladung, um nach Lübeck zu segeln. Sie ward geführt von dem Schiffer Helmuth Seyer aus Warnemünde, welcher mit Parten nicht betheiligt und erst seit dem September desselben Jahres von der Rhederei als Schiffer angenommen war.

Die Mannschaft bestand aus 7 Personen, nämlich:

dem Steuermann Peter Petersen aus Holstein, den Matrosen Wilhelm Michel aus Mainz und August Gustavson aus Reval, den Jungleuten Richard Brockmann aus Lübeck und August Hohenstein aus Prerow, dem Koch Carl Zaage ebendaher und dem Jungen Emil Nagel aus Lübeck.

Die Ladung war in der Weise verstaut, dass die Kohlen unten im Raume lagen, ohne Garnier, und auf denselben, durch eine Bretterschicht von ihnen getrennt, die Schleifsteine, welche von Bord zu Bord fest aneinander gelegt waren und sich nicht bewegen konnten.

Die Brigg ist in der Nordsee gesunken und hat dabei die gesammte Mannschaft den Tod in den Wellen gefunden. Schiffer Seyer, welcher allein gerettet worden, hat den Verlauf der Reise folgendermassen dargestellt.

Die Brigg ging am 13. October mit einer steifen Brise aus WNW in See und steuerte anfangs OzN Curs, veränderte letzteren aber Abends als der Wind sich mehr südlich wandte, nach Ost. Am 14. October ging der Wind durch West nach Nord und ward nun der Curs nach ONO genommen. Es war sehr stürmisch und die See wurde immer höher, je weiter man sich von der englischen Küste entfernte, so dass die Brigg, welche nur das dicht gereffte Gross-Marssegel und die Fock führte, schwer arbeitete. Nachmittags 3 Uhr sprang der Wind plötzlich nach NNO um und wuchs schnell zum Orkan an. Das Gross-Marssegel zerriss, ebenso das inzwischen gesetzte, dicht gereffte Briggsegel und die Fock-Raa brach. Um das Schiff einigermassen lenkbar zu erhalten, liess Schiffer Seyer eine Persenning an der Luvseite der Grosswanten befestigen.

Tags über hatte sich nur in gewöhnlichem Masse Wasser bei den Pumpen gezeigt, Abends 8 Uhr aber schlug die Backbordpumpe nicht mehr lenz. Nun wurde auch die Steuerbordpumpe in Gang gesetzt und beide Pumpen die Nacht hindurch kräftig bedient. Schiffer Seyer begab sich in den Raum und fand, dass das Wasser an Steuerbordseite bei den Fockwanten etwa 3½ Fuss unter den Deckbalken eindrang. Er schlug das Garnier fort, konnte aber an den Leck selbst, welcher sich gerade hinter einem Knie befand, nicht gelangen und musste es somit aufgeben, dasselbe zu dichten.

Am 15. October Morgens 4 Uhr wurden beide Pumpen durch eingedrungene Kohlen unklar und die Leepumpe versagte bald ganz den Dienst. Es stürmte jetzt mit gleicher Heftigkeit aus NNW, die See hatte eine furchtbare Höhe erreicht und lief wild durcheinander. Mit Tagesanbruch liess Schiffer Seyer vor dem Winde abhalten und die Nothflagge aufheissen. Ein Schooner und ein Fischerkutter, denen man nahe kam, liessen dieselbe jedoch unbeachtet. Die Brigg, welche schon 5 bis 7 Fuss Wasser im Raume hatte, lag vorne bereits ganz tief. Bald darauf kam ein anderes Schiff, der dänische Schooner »Cito«, Schiffer Jens Kundsen Bych aus Assens, in Sicht, welches sich der Brigg näherte. Schiffer Seyer beabsichtigte, sich luvwärts von demselben zu halten, um es auf diese Weise zu ermöglichen, mit dem Boote demselben zuzutreiben. Als die Brigg aber dem Schooner bis auf etwa 2 Schiffslängen nahe gekommen war, zerschlug eine Sturzsee beide Boote derselben, und nun blieb nichts übrig, als hinter dem Schooner herumzugehen und in Lee desselben beizulegen, was auch geschah.

An Bord des Schooners brachte man bereits eine Rettungsboje aus, welche mit demselben auf die Brigg zutrieb. Schiffer Seyer forderte den Steuermann Petersen auf, in die See zu springen. Ehe sich aber dieser noch hierzu hatte entschliessen können, rollte eine kolossale See heran, welche die Brigg ganz nach Steuerbord überwarf, so dass die Masten im Wasser lagen. Schiffer Seyer, Steuermann Petersen und Matrose Gustavson hielten sich an den Grosswanten auf Backbordseite fest, während die fünf übrigen Leute in die See gerissen wurden. Gleich darauf, nach kaum 2 Minuten, versank die Brigg. Schiffer Seyer ward mit in die Tiefe gezogen, kam dann aber wieder nach oben und sah nun den Schooner schnell auf sich zutreiben. Es gelang ihm, sich schwimmend über Wasser zu halten, bis man ihm vom Schooner aus ein Tauende zuwerfen konnte, mit welchem er an Deck gezogen wurde. Von dort aus sah er Petersen und Gustavson an ein Trümmerstück geklammert, Brockmann auf einem Theile des zerschellten Grossbootes sitzend in den Wellen treiben. Sie befanden sich alle drei seitwärts vom Schooner und schon etwa 2 Schiffslängen von demselben entfernt, sodass sie mit der Rettungsboje nicht mehr zu erreichen waren. Von den übrigen war nichts zu sehen. Schiffer Seyer drang in den dänischen Schiffsführer wenden zu lassen und die Rettung seiner Leute zu versuchen, was dieser jedoch als unausführbar ablehnte, und wurde dann völlig erschöpft in die Cajüte gebracht. Erst später erfuhr er, dass gleich darauf eine grosse See die drei auf den Trümmern Schwimmenden in den Wellen begraben habe.

Nach den Berechnungen an Bord des »Cito« fand der Unfall auf 55° 55′ nördlicher Breite und 2° 6′ östlicher Länge statt.

Schiffer Seyer wurde demnächst in Assens auf Fühnen gelandet.

Diese Darstellung ist, soweit sie sich auf die Begegnung mit dem Schooner »Cito«, den Untergang der Brigg, die Rettung des Schiffers Seyer und den Tod der gesammten Mannschaft des gesunkenen Schiffes bezieht, von der Besatzung des »Cito« in einer vor dem Amte zu Assens am 9. November 1881 abgegebenen Erklärung allen Inhalts bestätigt worden.

II. Die Brigg ist nach Versicherung des Correspondentrheders stets ein besonders starkes und gesundes Schiff gewesen. Im October 1878 hatte sie nach umfassenden Reparaturen, welchen sie damals in Wismar unter Aufsicht des dortigen Experten des Germanischen Lloyd unterzogen worden war, bei letzterer Anstalt die Classe A auf 5 Jahre erhalten. Nach den zuverlässigen Aufzeichnungen zum internationalen Register des Germanischen Lloyd pro 1881 bestanden die Reparaturen in einer Erneuerung des Decks, einer Verstärkung der Deckbalken-Kniee, einer theilweisen Erneuerung der äusseren Verplankung im Oberschiff und einer Calfaterung desselben, während die letzte Bodencalfaterung im Jahre 1875 stattgefunden haben wird.

III. Als Ursache des vorliegenden betrübenden Seeunfalles hat das Seeamt den am 14. October 1881 wüthenden Orkan und die dadurch erzeugte furchtbare See betrachten müssen. Infolge des heftigen Arbeitens und Wrakens sprang die Brigg leck, füllte sich, als die Pumpen von Kohlen unklar wurden, schnell mit Wasser und kenterte am 15. October, weil sie in solchem Zustande den schweren Sturzseen nicht mehr in der erforderlichen Weise nachzugeben vermochte. Wäre sie nicht bereits halb voll Wasser gewesen, so würde das Kentern jedenfalls nicht erfolgt sein.

Dass mangelhafte Beschaffenheit des Schiffes bei Beginn der Reise zu der Entstehung des Lecks beigetragen hat, ist möglich; dass aber eine solche mangelhafte Beschaffenheit, wenn sie damals bestand, auf eine schuldvolle Nachlässigkeit in der Instandhaltung der Brigg zurückzuführen sei, hat als erwiesen nicht angesehen werden können. Denn gerade im Oberschiff, wo der Leck aufgefunden wurde, ist die letztere im Herbst 1878 umfassenden und sorgfältigen, von dem Experten des Germanischen Lloyd überwachten Reparaturen unterzogen worden, und dass auch im Boden, welcher allerdings seit 6 Jahren nicht mehr calfatert war, eine Leckstelle vorhanden gewesen sei, ist thatsächlich nicht festgestellt.

Als am 14. October Nachmittags der Orkan aus NNO einsetzte,

war eine Rückkehr nach der englischen Küste allerdings noch möglich, und hätte sich Schiffer Seyer dazu entschlossen, so würden wahrscheinlich Schiff, Ladung und Besatzung geborgen worden sein. Daraus jedoch, dass er dies nicht that, kann demselben kein Vorwurf gemacht werden. Denn abgesehen davon, dass beim Lensen die Gefahr für die Besatzung wuchs, bei der gewaltigen See von Deck gewaschen zu werden, so war damals die Lage des Schiffes noch keineswegs eine so kritische, dass eine solche Vorsichtsmassregel als eine gerechtfertigte hätte erscheinen können; die Lage des Schiffes wurde erst bedenklich, als am Morgen des 15. October die Pumpen von Kohlen unklar geworden waren und den Dienst zu versagen begannen. Um jene Zeit aber war nicht mehr daran zu denken, zumal bei dem inzwischen nach NNW herumgegangenen Winde, die jetzt schon weit entfernte englische Küste noch mit dem lecken Fahrzeuge zu erreichen, und bestand vielmehr die einzige Hoffnung, welche man noch hegen durfte, in der Abnahme der Besatzung durch ein anderes Schiff.

Es erübrigt die Frage, ob für die Rettung der auf den Trümmern treibenden 3 Leute, des Steuermanns Petersen, des Matrosen Gustavson und des Jungmanns Brockmann alles geschehen ist, was nach Lage der Sache dafür geschehen konnte.

Schiffer Seyer erfüllte in dieser Beziehung seine Pflicht, indem er in den Führer des Schooners »Cito« drang, umzukehren und das Rettungswerk zu versuchen, und wenn dieser Versuch unterblieb, weil der Schiffer Bych ihn ablehnte, so kann ihn hierfür keine Verantwortung treffen. Aber auch dem letzteren ist daraus, dass er jeden Rettungsversuch aufgab, ein Vorwurf nicht zu machen, da ein solcher von vorne herein als völlig aussichtslos erscheinen musste. Denn ein schnelles Wenden war bei dem Sturm und der furchtbaren See, zumal der Schooner keine Vorsegel stehen hatte, unmöglich und das Halsen hätte ihn viel zu weit von der Unglücksstätte entfernt. Ein Boot auszusetzen aber gestattete die wildbewegte See überhaupt nicht und wenn es gleichwohl gelungen wäre, so würde dasselbe unzweifelhaft zu Grunde gegangen sein, ehe es die Schiffbrüchigen hätte erreichen können. Schiffer Bych handelte daher nur seiner Pflicht gemäss, wenn er nutzlose Rettungsversuche unterliess, durch welche er seine eigenen Leute dringender Lebensgefahr aussetzte. Der Erfolg hat denn auch die Richtigkeit seiner Handlungsweise erwiesen, da schon die nächste See die drei auf den Trümmern Schwimmenden unter sich begrub.

145. Spruch des Seeamts zu Rostock vom 21. Februar 1882, betreffend den Seeunfall des Dampfers „Flora" von Lübeck.

Der Spruch des Seeamts lautet:

I. dass die am Abend des 1. Januar 1882 bei Ahrenshop erfolgte Strandung des Dampfers »Flora« durch den an jenem Abend von West nach Ost versetzenden hartlaufenden Strom unter Hinzutritt des damals herrschenden Nebels sowie des Umstandes, dass auf dem Leuchtthurm zu Darsserort nicht die vorschriftsmässigen Nebelsignale gegeben wurden, verursacht ist,

II. dass weder den Schiffer noch Jemanden von der Mannschaft ein Verschulden an dem Unfall trifft.

Entscheidungsgründe. I. Der in Lübeck beheimathete, der Libau-Lübecker Dampfschiffahrtsgesellschaft daselbst gehörige eiserne Schraubendampfer »Flora«, Unterscheidungssignal PBHW, vor etwa 10 Iahren in England erbaut, mit einer Hoch- und Niederdruckmaschine von 60 nominellen Pferdekräften versehen und zu 234,67 britischen Register-Tons Netto-Raumgehalt vermessen, ging am 1. Januar 1882 unter Führung des in Lübeck domizilirenden Schiffers Johann Karl Brandt von Travemünde aus in See, um eine Ladung Stückgüter von 5000 bis 6000 Centner Gewicht, darunter eiserne Maschinentheile und stählerne Eisenbahnwagen-Federn zum ungefähren Gewichte von zusammen 2000 Centner, nach Libau zu befördern.

Die Mannschaft bestand mit Einschluss des Steuermanns Stefahn und zweier Maschinisten aus 11 Personen. Die Ausrüstung war, soweit ermittelt, vollständig und gut, das Schiff selbst im besten seesüchtigen Zustande. Von den 3 vorhandenen Compassen befand sich der eine auf dem Hinterdeck, ein zweiter auf der mittschiffs angebrachten Commandobrücke vor dem Steuerrade, fast in gleicher Höhe mit dem letzteren, und ein dritter, welcher allein zur eigentlichen Cursbestimmung benutzt ward, etwas links von jenem, ungefähr 22 Fuss über Deck auf einem Pfahl, mit der Scheibe nach unten.

Die Schraube mit 4 eingesetzten Flügeln war rechtshandig. In Folge dessen drängte der Dampfer bei der Vorausfahrt mit dem Bug etwas nach Backbord.

Die Fahrgeschwindigkeit desselben betrug bei gutem Wetter und voller Kraft, d. h. mit 3¾ Atmosphären Dampfdruck, 8 Seemeilen in der Stunde. Als der Dampfer am 1. Januar ausging, lag er hinten 11 Fuss und vorne 10½ Fuss tief.

Die eisernen Maschinentheile und die stählernen Wagenfedern waren etwa in halber Höhe des Raumes, unweit der Commandobrücke verladen.

II. Ueber den Verlauf der Reise ist auf Grund des hier zu einem Notariatsprotokolle erbobenen Seeprotestes vom 5. Januar 1882, der eidlichen Verklarung vor hiesigem Amtsgerichte vom 11. desselben Monats, der Aussagen des Schiffers, des Steuermanns, des 1. Maschinisten Kunze, des Bootsmanns Hoeft und des Matrosen Wulf vor dem hiesigen Seeamt, sowie der damit übereinstimmenden Eintragungen zum Schiffsjournal das Nachstehende thatsächlich festgestellt.

Als der Dampfer Vormittags 10¼ Uhr Travemünde verliess, war die Luft bereits dick von Nebel. Der Wind wehte schwach aus SO. Die Maschine arbeitete mit voller Kraft und das Schiff machte 8 Seemeilen in der Stunde. Der Curs war ONO½O und blieb so den ganzen Tag über. Mittags ging der Wind nach Süd. Man musste damals nach Berechnung etwa der Bukspitze gegenüber stehen. Aber obwohl der Nebel etwas abgenommen hatte, so dass man ungefähr ¾ Seemeilen weit zu sehen vermochte, war dennoch weder von der Bukspitze, noch von dem Alt-Gaarzer Kirchthurm etwas zu erblicken. Bald darauf wurde der Nebel wieder dichter, so dass man kaum noch eine Schiffslänge weit voraus sehen konnte. Nachmittags 4 Uhr, bis wohin man nach dem Logg 46 Seemeilen zurückgelegt hatte, liess daher Schiffer Brandt, welcher von Nachmittags 3 Uhr an die Wache gehabt hatte, die Fahrgeschwindigkeit auf ungefähr 5 Seemeilen in der Stunde ermässigen. Das damals geworfene Loth ergab 8½ Faden, während auf der vom Schiffer benutzten dänischen Specialkarte der Ostsee von der Neustaedter Bucht bis Darsserort aus dem Jahre 1873 dort, wo man nach Besteck stehen musste, 9¼ Faden verzeichnet standen, eine Differenz, welche der Schiffer auf eine Ungenauigkeit der Messung zurückführen zu dürfen glaubte. Um 5 Uhr ward wiederum das Loth geworfen und wurden 6½ Faden gefunden. Der Schiffer nahm an, dass der Dampfer durch eine Strömung von Süd nach Nord, auf welche er aus dem südlichen Winde schloss, in die Nähe von Gjedser Riff versetzt sein werde, wo sich ähnliche Wassertiefen angegeben fanden. Er hoffte aber, dass der bisherige Curs ihn an jenem Riff frei vorüberführen werde, und änderte ihn daher nicht. Um 5½ Uhr, bis wohin die vorschriftsmässigen Nebelsignale mittelst der Dampfpfeife auf dem Dampfer überall nicht gegeben worden waren, wurde von neuem gelothet und ergaben sich jetzt plötzlich nur 4 Faden Wasser. Seit 5 Uhr war das Loth bis dahin nicht weiter geworfen worden. Der Schiffer liess sofort die Maschine stoppen, aber gleich darauf kam auch schon der Dampfer auf weichem, sandigen Grunde fest. Der Versuch, denselben, welcher vorne auf 9 Fuss und hinten auf 13 Fuss Wasser lag, durch das alsbald und etwa 2 Minuten nach dem Commando »Stopp« von dem Schiffer angeordnete Rückwärtsarbeiten der Maschine wieder abzubringen, misslang. Dann wurden wiederholt 2 Warpanker nach hinten ausgebracht und mit der Dampfwinsche eingehievt, aber dieselben wollten in dem weichen Sande nicht fassen und so blieben alle Bemühungen, das Schiff wieder flott zu machen, fruchtlos. Inzwischen war der Wind nach SSW gegangen und die Wassertiefe nahm, wie man aus mehrfachen Peilungen ersah, ab. Schiffer und Steuermann glaubten anfänglich, auf Gjedser-Riff zu sein und erst gegen 7 Uhr Abends, als sich der Nebel ein wenig hob, gewahrten sie Land mit dunklem Walde und erkannten jetzt, dass sie an der deutschen Küste gestrandet seien. In Wirklichkeit befand sich die »Flora« etwa 300 Schritte von dem festen Ufer bei Ahrenshop entfernt, ungefähr 3 Seemeilen südwestlich von Darsserort, dessen Feuer erst Abends gegen 9 Uhr erblickt wurde, und wo trotz des dichten Nebels die vorschriftsmässigen Signale durch Kanonenschüsse nicht gegeben waren.

Um 7½ Uhr Abends liess Schiffer Brandt drei seiner Leute an das Land setzen, um in Wustrow ein Telegramm an den Lootsencommandeur in Travemünde aufzugeben, worin er um sofortige Zusendung eines Bugsirdampfers bat. Als die der Wege unkundigen Leute nach mühseligem Marsch endlich in Wustrow eintrafen, war aber das Telegraphenbüreau bereits geschlossen und die Depesche konnte daher erst am anderen Morgen befördert werden.

Die übrige Besatzung blieb die Nacht zum 2. Januar an Bord. Am Morgen dieses Tages wehte der Wind aus SW und die See nahm aus West zu, so dass der Dampfer härter zu stossen begann. Bis dahin war derselbe jedoch noch immer dicht geblieben. Jetzt machte der Schiffer den Versuch, mit Hülfe der Strandbewohner einen schweren Anker nebst Kette ausbringen zu lassen. Die Arbeit musste aber des hohen Seegangs halber sehr bald eingestellt werden. Wind und Seegang mehrten sich im Laufe des Tages und Abends 5 Uhr entschloss sich die Besatzung, das Schiff, über welches die Seen brachen, und welches nunmehr heftig rammte, zu verlassen. Am 3. Januar war der Wind aus WSW zum Sturm angewachsen und war es daher bei der starken Brandung an jenem Tage nicht möglich, auf den Dampfer zurückzukehren, was sich erst am Morgen des 4. Januar bewerkstelligen liess. Damals fand man bereits 4 Fuss Wasser im Raum, welches sich jedoch bei kräftigem Pumpen zusehends minderte. Mit dem Bergedampfer »Kattegat«, welcher bald darauf erschien, wurde vom Schiffer Brandt unter Zustimmung der bereits vorher eingetroffenen Vertreter der Versicherungsgesellschaften ein Contract dahin abgeschlossen, dass derselbe die »Flora« nebst Ladung für 20000 ℳ nach Rostock bringen solle. Die Bergungsversuche begannen denn auch sofort und nach 7 stündiger Arbeit gelang es dem »Kattegat« endlich, die »Flora« in flottes Wasser zu schleppen, und sodann Abends 11 Uhr glücklich in Rostock einzubringen.

III. In Rostock ward die Ladung gelöscht und die »Flora« sodann auf der Werft der dortigen Actiengesellschaft für Schiff- und Maschinenbau auf den Slip gezogen. Wie sich hier ergab, war nicht nur der Hintersteven gebrochen, sondern es hatten sich auch einzelne Platten gebogen, die Nähte im Boden, namentlich an Backbordseite, vielfach begeben und die Maschine war durch eine grosse Menge eingedrungenen Sandes erheblich beschädigt worden. Die demnach nothwendigen, umfänglichen Reparaturen, durch welche der Dampfer wieder in einen vollkommen seetüchtigen Zustand gebracht ist, haben einen Kostenaufwand von 15000 ℳ erfordert.

IV. Sowohl der Lootsencommandeur Jantzen zu Warnemünde, als auch der Strandhauptmann Bethke zu Prerow haben es bestätigt, dass am 1. Januar in jener Gegend der Ostsee starker Nebel geherrscht und ein kräftiger Strom von West nach Ost versetzt hat. Für diese Thatsache spricht denn auch der von der Besatzung bezeugte Umstand, dass der Dampfer, welcher in der Richtung seines Curses festgekommen war, noch am Abend des 1. Januar trotz des Rückwärtsarbeitens der Maschine mit dem Hintertheil nach Norden herumgedrängt worden ist.

V. Es kann nun keinem Zweifel unterliegen, dass als principale

Ursache des vorliegenden Seeunfalles die starke Stromversetzung von West nach Ost zu betrachten ist. Hätte sie nicht stattgefunden, so würde der Dampfer mit dem von ihm verfolgten Curse sowohl Gjedser-Riff wie Darsserort frei passirt haben. Durch sie aber wurde derselbe der deutschen Küste zugedrängt und auf den Strand getrieben.

Aber eben so gewiss ist es, dass die Stromversetzung allein dem Schiffe nicht verderblich geworden wäre. Hätte nicht am 1. Januar 1882 ein dichter Nebel geherrscht, so würde man Tags über die Küste und Abends das Feuer von Darsserort gesehen und dann durch entsprechende Cursveränderung die Strandung vermieden haben, und auch trotz des Nebels würde wahrscheinlich dem Unfalle noch rechtzeitig vorgebeugt worden sein, wenn vom Leuchtthurm auf Darsserort die vorschriftsmässigen Nebelsignale durch Kanonenschüsse gegeben worden wären, indem Schiffer Brandt dann die allzugrosse Annäherung an die deutsche Küste rechtzeitig erkannt haben würde.

Das Seeamt hat daher die Strandung in erster Linie auf die Stromversetzung zurückführen müssen und den Nebel sowie das Unterlassen der Signalschüsse auf Darsserort nur als mitwirkende Ursachen betrachten können.

VI. Dass der Unfall noch abgewendet worden wäre, wenn der Schiffer von Nachmittags 5 Uhr an öfter, als geschehen, das Loth hätte werfen lassen, ist, wenn auch gerade nicht wahrscheinlich, so doch möglich. Denn die gleichmässige Abnahme der Wassertiefe würde ihm voraussichtlich die Gefahr der Strandung nahe gelegt haben, und wenn er auch nicht wusste, wo er sich befand, ob an der deutschen Küste oder in der Nähe von Gjedser-Riff, und mithin eine blosse Cursveränderung nach rechts oder links ihn der drohenden Gefahr nicht unbedingt überhoben, sondern vielleicht das Schiff erst recht auf den Strand gebracht haben würde, so konnte er doch allen Eventualitäten wenigstens vorläufig dadurch entgehen, dass er den bisherigen Curs einfach zurücknahm. Gleichwohl glaubt das Seeamt dem Schiffer einen Vorwurf aus dem Unterlassen der öfteren Lothung nicht machen zu sollen; denn die wirkliche Strömung von West nach Ost war ihm unbekannt und nach der Windrichtung musste er vielmehr glauben, dass der Strom von Süd nach Nord versetze. Wenn er daher Nachmittags 5 Uhr 6½ Faden lothete, so durfte er mit Recht annehmen, dass er in der Nähe von Gjedser-Riff stehe, und war letzteres der Fall, so konnte er seinen bisherigen Curs ohne Gefahr für sein Schiff beibehalten. In dieser festen Ueberzeugung aber mussten ihm weitere Lothungen überflüssig erscheinen und findet das Unterlassen der letzteren in derselben ihre Entschuldigung.

VII. Dagegen hat der Schiffer allerdings darin gefehlt, dass er trotz des Nebels mit voller Kraft fahren und die gesetzlichen Nebelsignale nicht geben liess. Er hat damit gegen die Bestimmungen der Kaiserlichen Verordnung zur Verhütung des Zusammenstossens der Schiffe auf See vom 7. Januar 1880 verstossen, welche in Artikel 12 und 13 vorschreibt,

> dass bei Nebelwetter ein Dampfschiff in Fahrt alle 2 Minuten ein Signal mit der Dampfpfeife geben und seine Fahrgeschwindigkeit mässigen soll.

Wenn nun auch diese Zuwiderhandlung gegen die allegirten gesetzlichen Bestimmungen in keinem ursächlichen Zusammenhange mit dem vorliegenden Seeunfalle steht, so hat es das Seeamt doch für seine Pflicht erachten müssen, auf dieselben hier hinzuweisen.

VIII. Das Schiffsjournal der »Flora« ist den Vorschriften des Handelsgesetzbuches entsprechend geführt und hat zu keinen Ausstellungen Anlass gegeben.

146. Spruch des Seeamts zu Stralsund vom 23. Februar 1882, betreffend den Seeunfall des Schraubendampfers „Ostsee“ von Lübeck.

Der Spruch des Seeamts lautet:

> dass der Seeunfall, bei welchem der Dampfer »Ostsee« am 16. Januar 1882 südlich von Stubbenkammer auf Strand gerathen und leck geworden ist, wahrscheinlich durch Stromversetzung verursacht worden ist.

Gründe. Der zu Lübeck heimathberechtigte, der Actiengesellschaft »Union« gehörige eiserne Schraubendampfer »Ostsee«, Unterscheidungssignal PBGQ, ist am 16. Januar 1882 Abends 9¼ Uhr südlich von Stubbenkammer bei Colliker-Ort auf der Reise von Königsberg nach Lübeck auf Strand gelaufen, am 22. Januar mit Hülfe dreier Bergungsdampfer wieder ab- und nach Greifswald geschleppt worden, wo derselbe reparirt wird.

Die »Ostsee«, von 829,6 cbm oder 292,85 britischen Register-Tons Netto-Raumgehalt, war unter Führung des Schiffers auf grosser Fahrt Lüders mit 13 Mann Besatzung, darunter ein Steuermann und 2 Maschinisten 1. bezw. 2. Classe an Bord und mit einer Ladung verschiedenartigen Getreides am 15. Januar 1882 Nachmittags von Pillau in See gegangen, hatte am 16. Januar Vormittags 9 Uhr in ungefähr 8 Seemeilen Entfernung Jershöft Feuerthurm in SSO½O gepeilt und dann W½N, WNW½W und endlich WNW Curs bei südwestlicher Windrichtung gesteuert. Abends um 8 Uhr trat dicker Nebel ein, so dass man nicht von einem Ende des Schiffes zum andern sehen konnte; die Fahrt wurde gemindert — auf 25 bis 30 Umdrehungen der Maschine in der Minute — auch wurden alle Minuten Dampfsignale gegeben. Um 9¼ Uhr glaubte man auf der »Ostsee« ein Dampfsignal an Backbordseite zu vernehmen, in Folge dessen das Commando »Ruder Backbord« gegeben wurde; im gleichen Augenblick erfolgte ein heftiger Stoss. Die Maschine wurde gestoppt und voll Dampf rückwärts gegeben; das Schiff blieb jedoch fest. Bei Peilung der Pumpen fanden sich 9 Fuss Wasser im zweiten Raum. Durch beständiges Pumpen mit Dampf- und Handpumpen gelang es, die übrigen Räume lenz zu halten, während in dem abgeschlossenen zweiten Raum das Wasser stieg. Am nächsten Morgen wurde von der Ladung geworfen und wiederholt, aber vergebens der Versuch gemacht, das so erleichterte Schiff durch Dampfkraft abzubringen. Gleich nach Mittag kamen durch den Steuermann Krellenberg herbeigeholt drei Boote mit Hülfsmannschaften vom Lande, welche mit Bergung der Ladung begannen. Abends bei zunehmendem NW Winde und starkem Stossen des Schiffes stieg das Wasser im Schiffe und löschte die Feuer aus. Der um 10 Uhr Abends eingetroffene Dampfer »Sequens« konnte wegen der Dunkelheit und des Seegangs nicht längsseits der »Ostsee« kommen und ebensowenig, wie der um die Mittagszeit des 18. Januar eingetroffene Bergungsdampfer »Kattegat« wegen des auffrischenden NW Windes und des hohen Seeganges an diesem Tage etwas unternehmen. Nachmittags war die Gefahr des Untergangs des Dampfers so gross, dass der Schiffer die Mannschaft an Land setzen liess, während er selbst, der Steuermann und 4 Mann vom Lande auf dem Schiffe verblieben. Erst am 20. Januar liessen Wind und Seegang es zu, dass der inzwischen angekommene dritte Bergungsdampfer »Hertha« der »Ostsee« längsseits kommen und das Schiff lenz pumpen konnte. Ein Abschleppversuch misslang.

Nachdem man das Schiff wegen des starken Stossens noch zweimal hatte wieder voll Wasser laufen lassen, und dann wieder lenz gepumpt hatte, gelang es endlich am 22. Januar den 3 Bergungsdampfern, vornehmlich wegen des höheren Wasserstandes, die »Ostsee« in flottes Wasser zu schleppen und dieselbe am Nachmittag auf die Greifswalder Rhede zu bringen. Nach Leichterung von 400 Centner der Ladung, welche wegen der geringen Tiefe im Wyckflusse nothwendig war, ist das Schiff dann in den Greifswalder Hafen gebracht worden.

Ausser dem Leck hat das Schiff bei den Bergungsversuchen nicht unwesentlichen Schaden an Trossen, Regeling, Schanzkleidung und Stützen erlitten, auch einen Anker mit 15 Faden Kette verloren.

Die Ladung ist meist in beschädigtem Zustande, theils während der Bergung, theils in Greifswald gelöscht und an Ort und Stelle meistbietend verkauft worden.

Als Bergelohn sind 2 500 £ mit den Bergungsdampfern accordirt worden.

Die Ursache des Unfalls hat durch die Untersuchung nicht positiv klargestellt werden können. Nach den gesegelten Cursen und Distanzen sollte das Schiff ungefähr 8 Seemeilen NO von der Strandungsstelle stehen.

Da der Schiffer — wie dies auch im Journal vermerkt steht — bei der Aussegelung die Compasse observirt und richtig befunden haben will, der Zimmermann Wohlers, welcher bis kurz vor der Catastrophe das Ruder bediente, nach seiner eidlichen Aussage den befohlenen Curs richtig gesteuert hat und zur Distanzmessung ein Patentlogg benutzt worden ist, so kann nicht wohl angenommen werden, dass in den Cursen und Distanzen ein Fehler gemacht worden ist. Es bleibt nur übrig, die Versetzung des Schiffes durch eine südliche Strömung zu erklären, da aber über das Vorherrschen einer solchen Strömung nichts festgestellt worden ist, so konnte in dieser Richtung nur eine Vermuthung ausgesprochen werden.

Es ist auch die Frage einer Prüfung unterzogen worden, ob der Schiffer alle Vorsichtsmassregeln zur Verhütung eines solchen Unfalls beobachtet hat. Gelothet ist nicht worden, es sind nur die Vorbereitungen dazu getroffen worden, als kurz darauf die Strandung erfolgte. Da die Wassertiefen bis nahe an die Rügensche Küste nicht wesentlich differiren, so würde ein Lothen voraussichtlich zur Verhütung des Unfalls nichts genützt haben. Vorsichtiger hätte der Schiffer immer gehandelt, wenn er bei dem dichten Nebel sich schon früher und wiederholt des Loths bedient hätte.

Die Fahrgeschwindigkeit ist nach Vorschrift bei Eintritt des Nebels vermindert worden, auch kann dem Schiffer daraus, dass er das von den hohen Kreideufern Jasmunds zurückschallende Echo der Dampfpfeife für das Nebelsignal eines entgegenkommenden Dampfers gehalten hat, ein Vorwurf nicht gemacht werden, da nach seinem Besteck sehr wohl ein Dampfer an seiner Backbordseite sich befinden konnte; es würde übrigens auch der Warnungsruf des Echo, wenn er als solches erkannt worden wäre, zu spät gekommen sein, da unmittelbar darauf der Stoss erfolgte.

Der Spruch des Seeamts ist demnach, wie geschehen, gefällt worden.

147. Spruch des Seeamts zu Stralsund vom 23. Februar 1882, betreffend den Seeunfall der Bark „Tiger“ von Barth.

Der Spruch des Seeamts lautet:

> dass der Seeunfall, bei welchem die Bark »Tiger« am 28. December 1881 um Mitternacht westlich von Arkona-Feuerthurm auf Strand gerathen und leck geworden, dadurch verursacht worden ist, dass das Schiff durch westlichen Strom versetzt worden und dass die Sirene auf Arkona während des vor und zur Zeit der Strandung herrschenden Nebels nicht in Thätigkeit gewesen ist und dass keine Veranlassung vorliegt, dem Schiffer Krüger die Befugniss zur Ausübung des Schiffergewerbes zu entziehen.

Gründe: Die Barther Bark »Tiger«, Unterscheidungssignal JMNW, ist auf der Reise von Hull nach Stettin Mitternachts zum 28. December 1881 an der Westseite von Arkona bei Puttgarten auf Strand gerathen, mit Hülfe vom Lande und vom Schleppdampfer »Sequens« wieder abgebracht, am 31. December nach Swinemünde und am 2. Januar weiter nach seinem Bestimmungshafen getaut worden. Das Schiff hat einen erheblichen Leck bekommen, von der Ladung sind während des Bergens ungefähr 1 Kul Kohlen geworfen, von der Besatzung ist Niemand verunglückt.

Ueber die Reise und den Unfall selbst ist durch die von der

gesammten Besatzung vor dem Königlichen Amtsgericht zu Stettin am 5. Januar 1882 abgelegten Verklarung, sowie durch die Verhandlung vor dem Seeamt Folgendes festgestellt worden:

Das im Jahre 1864 erbaute, zu 1185,5 cbm oder 418,47 Register-Tons Netto-Raumgehalt vermessene Schiff war in seetüchtigem Zustande am 24. November 1881 in See gegangen. Die Besatzung bestand aus den Schiffern für grosse Fahrt Krüger als Führer und Ehlert als Steuermann und aus 9 Mann. Die Reise wurde durch die Nordsee bei südwestlichen, meist stürmischen Winden ohne Unfall zurückgelegt. Da auch im Skagerrack der hohe Seegang und das stürmische böige Wetter anhielt und der niedrige Barometerstand auf Dauer desselben deutete, so lief der Schiffer Grimstadt an, um besseres Wetter abzuwarten und lag auf der dortigen Rhede bis zum 23. December vor Anker. Als an diesem Tage der bisher mit kurzen Unterbrechungen südwestliche Wind nach Norden umging, setzte der Schiffer die Reise fort und passirte am 24. Nachmittags 6 Uhr Skagen; das Kattegat und der Sund wurden glücklich durchschifft und am 27. December Nachmittags 4 Uhr Stevens-Klint WNW in ungefähr 6 Seemeilen Abstand gepeilt; um 6 Uhr verschwand dies Feuer in NW in der Kimme. Der Wind war WzS, der Curs SSO$^1/_2$O. Das Schiff machte 5$^1/_4$ bis 5$^1/_2$ Seemeilen in der Stunde. Die Luft wurde schmierig und zuweilen dick von Nebel. Als um 12 Uhr der Steuermann den Schiffer von der Wache ablöste und beide in der Cajüte den Stand des Schiffes auf der Karte feststellten, erblickte der noch von der Schifferwache an Deck verbliebene Bootsmann Hallmann plötzlich durch den dicken Nebel zu luvwärts Land; er meldete dies sofort dem Schiffer, welcher »Ruder auf« und »Abhalten« commandirte und die Besahnsschoot loswarf. In dem Augenblick stiess aber auch schon das Schiff auf den Grund, dass es zitterte und krachte. Die Raaen wurden back gebrasst und eine Stunde lang Kohlen geworfen. Da das Wasser im Schiff stark zunahm, mussten alle Mann an die Pumpen, um 7 Uhr waren trotzdem schon 5$^1/_2$ Fuss Wasser bei den letzteren. Gegen Morgen klarte es etwas auf, so dass auf kurze Zeit das Land und ein Schimmer des Arkona-Feuers in Sicht kamen. Letzteres Feuer war bisher trotz scharfen Ausgucks nicht gesehen, auch während der ganzen Zeit das Nebelhorn nicht gehört worden. Auf dem Schiffe wurden Signale mit Petroleum-Feuer und dem Nebelhorn gegeben. Mittags — der Wasserstand im Schiffe war inzwischen auf 8 Fuss gestiegen — kam Hülfe vom

Lande, später auch der Bergungsdampfer »Sequens«. Bis 12 Uhr Nachts wurden Kohlen geworfen, dann musste wegen des hohen Seegangs die Mannschaft an Land gesetzt werden; am nächsten Tage konnte aus demselben Grunde nur bis Mittags gearbeitet werden; es waren 10 Fuss Wasser im Schiffe. Am 30. December gelang es nach Ausbringung eines Ankers mit 90 Faden Kette und nach weiterem Werfen der Ladung das Schiff mit der Dampfpumpe des »Sequens« so weit lenz zu pumpen, dass es um 4 Uhr Nachmittags flott wurde. Unter beständigem Pumpen wurde der »Tiger« von dem »Sequens« nach Swinemünde geschleppt; unterwegs kam der »Tiger« noch zweimal fest.

Der Bergelohn ist mit dem »Sequens« auf 7 500 ℳ. accordirt worden.

Nach den in das Journal eingetragenen Cursen und Distanzen sollte der »Tiger« zur Zeit der Strandung 5 Seemeilen nördlich von Arkona stehen, hätte also bei dem SSO½O Curse Arkona gut freigehen müssen. Es fragt sich nun, wie das Schiff an die Strandungsstelle gekommen ist?

Die von dem Schiffer Krüger bei der Navigation benutzte Karte ist aus dem Jahre 1870; die neueste Karte von 1880 zeigt einen Unterschied in der Missweissung des Compasses von 2^0 $80'$, die Benutzung der alten Karte hat den Schiffer somit in den Irrthum versetzt, dass er 2 Seemeilen östlicher stehe, als er wirklich mit seinem Schiffe war. Dieser Umstand allein erklärt aber noch nicht völlig die Abweichung vom Curse; es muss angenommen werden, dass der von der Schiffsbesatzung bei Tagesanbruch bemerkte stark westlich setzende Strom auch schon am vorhergehenden Tage geherrscht hat und dadurch das Schiff weiter südwestlich versetzt worden ist, als das Besteck anzeigte.

Bei der Erörterung der Frage, ob der Schiffer alles gethan habe, um den Unfall zu verhindern, hat das Seeamt sich nicht zu Gunsten des Schiffers aussprechen können. Wie schon in der Benutzung der alten Karte eine gewisse Sorglosigkeit auf Seiten des Schiffers erkannt worden ist, so trifft ihn noch schwerer der Vorwurf, dass er, obwohl er sich dem Lande näherte und obwohl dichter Nebel die Orientirung nach dem Arkona-Feuer und nach dem Lande hinderte, nicht das Loth gebraucht hat. Allerdings hätte, um ein sicheres Zeichen für die Annäherung an die Küste zu erlangen, das Loth in gewissen Zwischenräumen mehrmals geworfen und zu dem Zweck beigedreht werden müssen, immerhin wäre diese Vorsicht aber geboten gewesen. Trotzdem bleibt es mit Rücksicht auf die Tiefenverhältnisse nördlich von Arkona fraglich, ob durch das Lothen die Strandung verhütet worden wäre, und das Seeamt hat deswegen Bedenken getragen, auszusprechen, dass durch diese Unterlassung des Schiffers der Seeunfall verschuldet worden ist, und dem Antrage des Reichscommissars entsprechend den §. 26 des Gesetzes, betreffend die Untersuchung von Seeunfällen, vom 27. Juli 1877 gegen den Schiffer Krüger zur Anwendung zu bringen.

Als mittelbare Ursache der Strandung hat das Seeamt noch einen Mangel in einer für die Schiffahrt bestimmten Hülfseinrichtung erkennen müssen. Die auf Arkona aufgestellte Sirene ist vor und zur Zeit der Strandung gar nicht in Betrieb gewesen. Wenn es auch, wie bei früheren Untersuchungen hervorgetreten ist, zweifelhaft sein kann, ob bei westlichem Winde die Sirene für die Arkona von West ansegelnden Schiffe hörbar und von Nutzen ist, so kann vor der Hand nicht bezweifelt werden, dass der von Norden ansegelnde »Tiger« bei ordnungsmässigem Betriebe der Sirene den Warnungsruf derselben hätte vernehmen müssen. Nach den übereinstimmenden eidlichen Aussagen der Besatzung ist am 27. December von 6 Uhr Abends ab das Wetter so schmierig und nebelig gewesen, dass Arkona-Feuer nicht einen Augenblick in Sicht gekommen ist. Auch der amtliche Bericht des Nebelsignalwärters Kruse vom 9. Januar 1882 erwähnt, dass am 27. December Abends 6 Uhr Nebel gewesen, die Sirene aber nicht von ihm in Betrieb gesetzt worden ist, weil es um 7 Uhr wieder klar geworden sei. Von 9½ bis 12 Uhr — also während der eigentlich kritischen Zeit — hat der Kruse geschlafen und erst um 12 Uhr, als das Leuchtfeuer leichten Nebel gezeigt, die Maschine angezündet, so dass die Sirene um 1 Uhr 20 Minuten den ersten Ton abgegeben hat. Es kann nach den Aussagen der Besatzung des »Tiger« und nach der ganzen Situation gar keinem Zweifel unterliegen, dass in der Zeit von 10 bis 12 Uhr ein auch von Arkona bemerkbarer Nebel auf See geherrscht hat und dass während dieser Zeit die Sirene hätte in Thätigkeit sein müssen. Eine Nebelhorn-Einrichtung, welche nicht ordnungsmässig funktionirt, ist schlimmer wie gar keine Einrichtung, da der Schiffer, wenn er den Warnungsruf nicht vernimmt, annehmen muss, dass er der gefährlichen Küste noch nicht nahe gekommen ist, zumal wenn — wie im vorliegenden Falle — sein Besteck ihm dies bestätigt. Wen die Pflichtverletzung im vorliegenden Falle trifft, ist nicht aufgeklärt, das Seeamt hat auch geglaubt, jeder Untersuchung und Feststellung nach dieser Richtung hin sich enthalten zu müssen.

Der Spruch des Seeamts ist aus diesen Gründen, wie geschehen, erfolgt.

148. Spruch des Seeamts zu Brake vom 25. Februar 1882, betreffend den Seeunfall des Schooners „Leonore“ von Brake.

Schiff auf der Reise von Sierra Leone nach Falmouth leck gesprungen, von der Mannschaft verlassen und gesunken.

Der deutsche Schooner »Leonore«, Unterscheidungssignal NDJW, Heimathshafen Brake, Schiffer Karl Hinrich Schmidt, welcher vermessen war zu einem Netto-Raumgehalt von 209,82 britischen Register-Tons oder 594,4 cbm, classificirt beim Bureau Veritas in 3/3 A. 1. 1, und versichert auf Casco mit 30000 ℳ. und auf Fracht mit 10000 ℳ., ging am 22. December 1881 mit einer Ladung Palmkerne von Sierra Leone (Freetown) nach Falmouth in durchaus seetüchtigem Zustande in See. Von der Mannschaft waren einzelne nicht lange vorher krank gewesen, jedoch wieder genesen. In der ersten Zeit hatte man grösstentheils Windstille. Am 3. Tage der Reise erkrankte ein Matrose, an den folgenden Tagen nach einander der Koch, ein Leichtmatrose, der Schiffer Schmidt und am 29. December der Zimmermann, sämmtlich am Fieber. In der Nacht vom 2./3. Januar 1882 begann bei zunehmendem nordöstlichen Winde das Schiff, welches bis dahin sich gut dicht gehalten hatte, plötzlich bedeutend mehr Wasser zu machen, so dass man ein plötzliches Leckspringen annehmen musste, ohne dass man aber den Leck finden konnte. Zuerst gelang es mit Mühe die Pumpen lenz zu halten; der Zustand der Kranken verschlimmerte sich aber beständig, und da am 3. Januar das Wasser um 5 Zoll in der Stunde zunahm, so wurde im Schiffsrath beschlossen, nach Freetown zurückzukehren. Zur Bedienung der Pumpen waren nur noch der Steuermann Klussendorf und der Zimmermann im Stande, während bei steifer nordöstlicher Brise das Schiff viel Wasser machte; auch der Steuermann war bereits vom Fieber befallen und vermochte sich kaum aufrecht zu erhalten. Unter diesen Umständen, da der Zimmermann allein von der Besatzung arbeitsfähig war, wurde am 7. Januar das Boot in Bereitschaft gesetzt und am folgenden Tage, als bereits 5 Fuss Wasser im Schiffe waren, ausgesetzt, um das Schiff zu verlassen. Am 8. Januar Abends 10 Uhr ging die Besatzung auf etwa 8° 53′ nördlicher Breite und 15° 19′ westlicher Länge ins Boot, während der Wasserstand im Schiff auf 6 Fuss gestiegen war und noch rasch zunahm. Man blieb zunächst in der Nähe des Schiffes und sah es um 11 Uhr Abends sinken; dann steuerte man ostwärts. Am 12. Januar Morgens landete das Boot auf Isle de Los, wo die Schiffbrüchigen in einer Factorei freundlich aufgenommen und dann nach Freetown befördert wurden.

Nach diesem Sachverhalt, welcher nach dem Inhalt des Schiffsjournals, und der von der ganzen Besatzung vor dem deutschen Consulat in Freetown eidlich abgelegten Verklarung, sowie den beeidigten Aussagen des Schiffers Schmidt in der Hauptverhandlung vor dem Seeamt als festgestellt anzusehen ist, bedarf es kaum einer weiteren Begründung, dass der Untergang des Schiffes zwei Umständen: dem plötzlich entstandenen Lecke und der Krankheit fast der ganzen Mannschaft zuzuschreiben ist; wäre das letztere Missgeschick nicht hinzugekommen, so würde aller Wahrscheinlichkeit nach das Schiff noch bis zur Erreichung der Küste durch Pumpen über Wasser zu halten gewesen sein. Ueber die Ursache des Lecks ist nach Lage der Sache Näheres nicht aufzuklären gewesen. Dass das Verlassen des Schiffes zur Rettung der Besatzung nothwendig war, erhellt ebenfalls bereits genügend aus der Darstellung des Sachverhalts.

Der Spruch des Seeamts lautet:

Der Verlust des Schooners »Leonore«, welcher im atlantischen Ocean unweit Sierra Leone in leckem Zustande gesunken ist, ist einem plötzlich entstandenen Leck, dessen Ursache nicht ermittelt ist, und dem Umstande zuzuschreiben, dass fast die gesammte Besatzung erkrankt und zum Pumpen unfähig war.

Den Schiffer Schmidt oder den Steuermann Klussendorf trifft kein Verschulden; das Verlassen des Schiffes war dringend geboten.

149. Spruch des Seeamts zu Königsberg vom 28. Februar 1882, betreffend den Seeunfall der Brigg „Der Adler“ von Memel.

Schiff bei Gräsgärds Hamm (Insel Oeland) gestrandet und wrack geworden.

Der Spruch des Seeamts lautet:

1. Die Ursache des Seeunfalls ist lediglich in einer Stromversetzung des Schiffes, in Verbindung mit dem Umstande zu finden, dass entlang der Küste über der See lagernde Dunstmassen das Feuer auf der Südspitze Oelands der Beobachtung entzogen;

2. Handlungen oder Unterlassungen, durch welche sie den Seeunfall verschuldet haben, sind dem Schiffer oder Steuermann nicht zur Last zu legen;

3. die Strandung wäre vielleicht nicht erfolgt, wenn der schwedische Bergungsdampfer »Carlssund«, der bei Gräsgärds Hamm unter dem Lande am 7. December 1881 Abends zu Anker lag, das vorgeschriebene weisse Licht in einer kugelförmigen Laterne geführt hätte.

Gründe. Die Brigg »Der Adler«, Unterscheidungssignal HBFG, war im Jahre 1838 zu Memel vom Kiel auf aus Eichenholz gebaut und hatte — ohne den zum Gebrauche der Schiffsmannschaft bestimmten Raum im Deckhause — einen Netto-Raumgehalt von 775,2 cbm oder 273,65 britischen Register-Tons. Dasselbe war beim französischen Veritas mit 3/4 2. 1. classificirt, bei dem Memeler Schiffsversicherungsverein mit 24 000 Mark versichert und gehörte zu 2/5 dem Bäckermeister Leopold Ludwig Schlaffhorst in Memel, Schwiegervater des Schiffers Franz Eduard Pooch, zu 1/5 der Handlung R. Ranisch, Schwederski & Co. zu Memel, zu 1/5 der Frau Kaufmann Emilie Ferdinande Schlaffhorst in St. Petersburg und zu 1/5 der Frau Henriette Bertha Pooch geb. Schlaffhorst, deren mit ihr in getrennten Gütern lebender Ehemann das Schiff seit mehreren Jahren führte. Obwohl 42 Jahre alt, war »Der Adler« noch ein starkes und vollkommen dichtes Schiff, und hatte noch im vorigen Herbst eine volle Ladung Salz von Liverpool gebracht; vor drei Jahren war dasselbe neu verbolzt, umfassendere Reparaturen waren nicht erforderlich gewesen, da das Schiff stets gut versehen wurde. Die letzte Reise mit einer Ladung Balken, Latten, Planken und Stäben, nach England bestimmt, wurde am 4. December 1881 angetreten. Das Schiff hatte eine Deckslast von ungefähr 30 Zoll Höhe und lag hinten 14 Fuss 8 Zoll, vorne 14 Fuss 5 Zoll tief. Die Mannschaft bestand, ausser dem Schiffer, aus dem Steuermann Gustav Wenzel aus Memel, einem Zimmermann, einem Koch, zwei Matrosen, einem Leichtmatrosen, einem Halbmann und einem Jungmann.

Die Reise wurde bei SSO Wind angetreten, aber schon am 5. December ging der Wind westlich, und blieb nun theils aus NW, theils aus SSW und Süd und aus den dazwischen gelegenen Strichen als leichte Brise, so dass stets alle Segel beigesetzt waren; bei Annahme von $^{1}/_{2}$ Strich Abtrift, die der Schiffer bei der geringen Fahrt und dem Curse dicht beim Winde schon für stark gerechnet ansah, wurde der der Windesrichtung entsprechende westliche Curs gesteuert. Astronomische Beobachtungen konnten nicht gemacht werden, da der Horizont niemals klar genug war. Der Fortgang des Schiffes konnte daher nur nach den Loggbeobachtungen und dem Koppelcurs controlirt werden, die Fahrt betrug nicht über 14 Seemeilen in der Wache; am Abend des 5. und am Morgen des 6. December herrschte fast vollständige Windstille, die See war ruhig.

Am Mittwoch den 7. December 8 Uhr Morgens warf der Schiffer zum ersten Male das Loth und fand 33 Faden; 12 Uhr Mittags wurden 30 Faden, 4 Uhr Nachmittags 27 Faden, 8 Uhr Abends 38 Faden gelothet. Nach seiner Fahrtberechnung befand sich der Schiffer am 7. December 12 Uhr Mittags in 56° 14′ nördlicher Breite und 17° 48′ östlicher Länge von Greenwich; nach dem Journal wurden bis 4 Uhr 10 Seemeilen im wahren Curse nach W$^{1}/_{2}$S und bis 8 Uhr weitere 10 Seemeilen im wahren Curse WSW$^{1}/_{2}$W zurückgelegt, und das Schiff musste sich danach um 4 Uhr Nachmittags in 56° 12′ nördlicher Breite und 17° 31′ östlicher Länge und um 8 Uhr Abends in 56° 6′ nördlicher Breite und 17° 15′ östlicher Länge befinden. Die Ergebnisse der Lothung stimmten damit nicht überein, indem an beiden zuletzt genannten Stellen nach der Karte nur 13 Faden Wasser vorhanden sind; Schiffer Pooch nahm deshalb an, dass er sich südlicher befände, als sein Besteck ergab, und hielt sich, auch wenn diese Annahme nicht richtig sein sollte, dennoch für sicher, indem er nicht daran zweifelte, rechtzeitig das Leuchtfeuer auf der Spitze von Oeland zu sehen zu bekommen. Dies war aber, obwohl das Schiff sich schon seit etwa 6 Uhr Nachmittags im Feuerkreise von Oelands Södra Udde befunden haben muss, und obwohl der Schiffer den Zimmermann Hechel, der sehr gute Augen haben soll, von 8 Uhr Abends dreimal in den Mars zum Auslugen geschickt hatte, obwohl endlich der Himmel ziemlich klar und sogar hier und da der Mond sichtbar war, nicht der Fall; vielmehr stiess das Schiff um 10 1/2 Uhr auf Steingrund und es gelang nicht, dasselbe durch Backbrassen der Segel wieder vom Grunde abzubringen. Fast unmittelbar, nachdem das Schiff festgerathen war, wurde ein Licht sichtbar, welches sich bewegte und welches alsbald als das soeben aufgebrachte Toplicht eines, nur eine schwache Seemeile entfernten, unter Land liegenden Dampfers erkannt wurde. Von demselben — es war der Bergungsdampfer »Carlssund« — kam auch bald darauf ein Boot an, welches die Hülfe des Dampfers anbot, die auch angenommen wurde. Der Dampfer kam aber erst um 5 Uhr Morgens des 8. December herbei. Bis dahin waren vergebliche Versuche gemacht, das Schiff mittelst Segelmanöver abzubringen. Auch dem Dampfer gelang es trotz aller Anstrengungen nicht, das Schiff, welches inzwischen hart aufgestossen war und schon 2 Fuss Wasser in der Cajüte hatte, abzutauen. Nachdem der Dampfer in der Nacht vom 8. zum 9. December wieder seinen Ankerplatz hinter dem eine Art von Hafen (Gräsgärds Hamm) bildenden Steinriff eingenommen hatte, wurde am 9. December nochmals der Versuch gemacht, mittelst gleichzeitigen Tauens vom Dampfer her und Heranhievens an einen mit 60 Faden Kette ausgebrachten starken Anker das Schiff freizubekommen. Zuvor hatte ein Taucher vom Bergungsdampfer versucht, die Steine vor dem Vordersteven des Schiffes, welches sich in Folge der Segelmanöver mit dem Bug nach Osten gedreht hatte, zu beseitigen. Auch war das Schiff durch theilweises Umladen der Ladung und aller schweren Inventarienstücke und Ueberbordwerfen der Deckslast nach Möglichkeit erleichtert. Aber auch diese Versuche misslangen. Am 10. December — da der Wind frisch aus Ost zu wehen begann und die See zunahm — beschloss der Schiffer, mit der Mannschaft das inzwischen ganz voll Wasser gelaufene Schiff, dessen durchwässerter Proviant inzwischen auf den Bergungsdampfer herüber genommen war, zu verlassen. Der Dampfer brachte die Mannschaft nach Kalmar. Das Schiff ist vollständig verloren, das Inventarium zum grösseren Theil gerettet.

Dieser Sachverhalt ist durch die Aussage des Schiffers Pooch in der Sitzung des Seeamts, durch die eidlichen Aussagen des Zimmermanns Hechel und Matrosen Schulz vor demselben, durch

Verlesung der vor dem Amtsgericht zu Memel eidlich abgelegten Aussagen des Kochs Rubath, Halbmanns Pleikies, Leichtmatrosen Hegenwald und Jungmanns Schweistries, sowie des Auszuges aus dem Memeler Schiffsregister und der von der Seewarte zu Hamburg über die Witterungsverhältnisse ertheilten Auskunft festgestellt.

Von der Vereidigung des Schiffers Pooch hat das Seeamt Abstand nehmen müssen, weil seitens des Reichscommissars mit dem Bemerken, dass er den Antrag auf Gewerbeentziehung stelle, dagegen protestirt wurde. (Entscheidungen des Ober-Seeamts Bd. I. S. 446.)

Der Reichscommissar begründete den gegen den Schiffer erhobenen Vorwurf damit, dass derselbe bei der Unsicherheit seines Bestecks Veranlassung gehabt hätte, über den andern Bug (das Schiff hatte während der ganzen Fahrt über Steuerbordbug angelegen) zu gehen, und zwar um so mehr, als die Ergebnisse der Lothung bewiesen, dass er sich nicht da befand, wo er nach seiner Fahrtrechnung sich befinden musste, und seine Annahme, dass er sich südlicher befand, durch nichts begründet war.

Das Seeamt verkennt zwar nicht, dass, wenn Schiffer Pooch über Backbordbug gewendet hätte — was derselbe nach seiner Angabe um 11 Uhr Nachts, wenn er bis dahin das erhoffte Feuer nicht zu sehen bekommen hätte, auch zu thun beabsichtigte — die Strandung vermieden wäre. Allein darin, dass er bis 10½ Uhr unterlassen über den andern Bug zu gehen, kann das Seeamt ein schuldvolles Verhalten des Schiffers nicht erblicken, sondern höchstens einen Irrthum in der Beurtheilung der in Betracht kommenden Umstände (error in judgement, wie die englischen seeamtlichen Sprüche es bezeichnen), aus welchem — zumal bei einem Seemann, der 34 Jahre hindurch, ohne Seeunfälle zu erleiden, als Schiffer alle Meere befahren hat — auf den Mangel solcher Eigenschaften, die zur Ausübung des Schiffergewerbes erforderlich sind, nicht geschlossen werden kann (§. 26 des Reichs-Gesetzes vom 27. Juli 1877).

Bei dem äusserst langsamen Fortgange, den seine Reise bisher ohnehin genommen, und den bei einer längeren Dauer der Reise zur Winterzeit voraussichtlich zu erwartenden Stürmen hatte er allen Anlass, jeden Aufenthalt seiner Fahrt, der nicht unumgänglich nöthig war, zu vermeiden. Dass bei der südwestlichen Richtung des Windes am 7. December (schwankend von WSW bis zu Süd) mit der Wendung über Backbordbug ein Zeitverlust für den Fortgang der Reise verbunden war, ist unzweifelhaft. Der Schiffer hatte nun allerdings bei dem mehrfachen Schwanken des Windes zwischen SSW bis NzW $^1/_2$W — wie auch die Ergebnisse der Lothung ergaben — kein sicheres Besteck. Er glaubte, dass er sich südlicher befinden werde, als seine Fahrtrechnung ergab. Die Lothungsresultate widersprachen dieser Annahme nicht, da etwa auf 55° 45′ bis 56° 5′ nördlicher Breite und 17° 35′ bis 18° westlicher Länge von Greenwich Tiefen von 36 und 37 Faden vorkommen, und die Möglichkeit, dass bei der geringen Windesstärke und Fahrt die Abtrift mit $^1/_2$ Strich zu stark angenommen war, war keineswegs ausgeschlossen. Auch konnten die in der Ostsee nach den wechselnden Winden so mannigfach verschiedenen Strömungen eine Versetzung des Schiffes nach Süden ebensowohl bewirkt haben, als sie dies — wie die eingetretenen Thatsachen erwiesen haben — nach Nordwest gethan haben. War aber die Annahme des Schiffers Pooch richtig, dass er sich südlicher befand, als sein Besteck ergab, so war er auf der hohen See, und das Gehen über den andern Bug hätte den Fortgang der Reise unnöthiger Weise verzögert und das Schiff den Gefahren einer verlängerten Fahrt in ungünstiger Jahreszeit ausgesetzt. War aber die Annahme des Schiffers unrichtig und befand er sich nördlicher, als er annahm und zugleich der schwedischen Küste näher, dann konnte er mit Sicherheit erwarten, das Feuer an der Südspitze von Oeland und von Ulklippoma oder gar von Kappelluden, deren Feuerkreise sich fast einander anschliessen, zu erblicken, und danach sein Besteck zu berichtigen. Dass solche Dunstmassen über der See vorlängs der Küste liegen würden, dass das Feuer von Oelands Södra Udde, welches am Tage nach der Strandung vom Schiffe aus zu sehen war, am Strandungstage gerade für das Schiff unsichtbar gemacht wurde, war ein unglücklicher Umstand, der zwar eintreten, von dem Schiffer aber kaum in Rechnung gezogen werden konnte.

Nach erfolgter Strandung haben — wie auch der Reichscommissar anerkennt — Schiffer und Mannschaft alles gethan, was nach den Umständen möglich war, um die Folgen des Seeunfalls abzuwenden, auch das Schiff nicht früher verlassen, als bis an ein Abbringen desselben nicht mehr zu denken war und die Sorge für das eigene Leben zum Verlassen des Schiffes nöthigte.

Zu bemerken war noch, dass die Strandung des »Adler« wahrscheinlich nicht erfolgt wäre, wenn der unter Land liegende schwedische Dampfer »Carlssund« die nach dem internationalen Strassenrecht auf See (cfr. Art. 8 der Verordnung vom 7. Januar 1880 für das Deutsche Reich) vorgeschriebene kugelförmige Laterne geführt, und nicht sein weisses Toplicht erst aufgeheisst hätte, als die Strandung bereits erfolgt war. Das Seeamt hat überhaupt — ohne freilich den Führer des Dampfers hören zu können — den Eindruck gewonnen, als wenn der Bergungsdampfer, der die Signallaterne des auf das Steinriff mit langsamer Fahrt heransegelnden Segelschiffs schon seit ungefähr 1/2 Stunde bemerkt haben musste, nur darauf wartete, dass die Strandung erfolgen sollte, um dann von dem Bergungsgeschäfte Vortheil zu ziehen.

150. Spruch des Seeamts zu Königsberg vom 28. Februar 1882, betreffend den Seeunfall der Bark „Allegro" von Memel.

Schiff im britischen Canal leck geworden und von der Mannschaft verlassen.

Der Spruch des Seeamts lautet:

1. Als Ursache des Seeunfalls ist anzusehen, dass in Folge schweren Sturmes und hohen Seegangs die Steven des Schiffes sich losgegeben hatten, dasselbe voll Wasser gelaufen und manövrirunfähig geworden war, und der Mannschaft keinen Schutz mehr gewähren konnte.
2. Mängel in der Beladung oder Bemannung des Fahrzeugs, oder ein schuldvolles Verhalten des Schiffers oder Steuermanns haben bei dem Seeunfalle nicht mitgewirkt.

Gründe. Das Memeler Barkschiff »Allegro«, Unterscheidungssignal JBDS, war 1859 zu Stettin aus Eichenholz mit buchenem Kiel kupferfest gebaut, hatte — bei einer Länge von 37,08 m, Breite von 8,47 m und Tiefe von 4,57 m — einen Netto-Raumgehalt von 891,8 cbm oder 314,79 britischen Register-Tons, war beim Germanischen Lloyd mit A I bis März 1884 classificirt, mit 24000 ℳ. bei dem Memeler Schiffsversicherungsverein versichert und gehörte dem Schiffscapitain Boese. Unter der Führung des Schiffers Wilhelm Lindenau aus Memel, bemannt mit dem Steuermann Robert Maschke, einem Zimmermann, einem Koch und 5 Matrosen trat die »Allegro« am 26. November 1881 ihre letzte Reise von Memel nach Newhaven (Connecticut) an. Die Ladung bestand aus Balken, Sleepern und

Splittholz, die Deckslast aus ungefähr 902 Stück halben Sleepern, welche, etwa 28 bis 29 Zoll hoch, mit durch Bolzen gezogenen und gehörig verlaschten Ketten, sowie mittelst gehörig verklemmten und verkeilten Kneifern befestigt war. Schon am 27. November bestand das Schiff einen heftigen SSW Sturm und arbeitete so schwer in der See, dass die Deckslast wiederholt aufwusch und sorgfältiger befestigt werden musste. Das Wetter wurde dann besser, und die Drogden, Kattegat und Skagerrack ohne bemerkenswerthe Vorfälle passirt. In der Nacht vom Sonntag den 4. zum Montag den 5. December 1881 wurde Cap Lindesnaes in NNW gepeilt, am 7. December war wieder hoher Seegang, das Schiff nahm viel Wasser über, die Deckslast wurde wieder los und von neuem befestigt. Am 16. December wurde North Foreland (Kent) SW in 4 Seemeilen Abstand, am selben Tage Abends North Sand Head Feuer NW in 3 Seemeilen Abstand gepeilt. Am Sonnabend den 17. December herrschte anhaltender Sturm; bis dahin war in jeder Wache lenz gepumpt; auch jetzt gelang dies noch, obgleich das Schiff bei dem hohen Seegange schwer arbeitete und mit dem ganzen Bug unter Wasser lag. Nachdem am Sonntag den 18. December auf kurze Zeit besseres Wetter eingetreten war, brach noch am Morgen plötzlich ein Orkan aus WNW los. Das Vormarssegel zerriss und flog aus den Lieken. Das Schiff litt stark durch die hohe unregelmässig laufende See; es lag mit Bug und Leeseite beständig unter Wasser. Der Steuermann wurde — in Folge eines Epilepsie-Anfalles — dienstunfähig, so dass der Schiffer von nun an dauernd auf Deck blieb. Es waren stets alle Mann bei den Pumpen; vormittags waren dieselben noch schlingerlenz, nachmittags nicht mehr; das Schiff nahm zeitweise so viel Wasser über, dass die Mannschaft von den Pumpen weggewaschen wurde. Abends fand sich Wasser in der Cajüte, welches zunächst mit Eimern ausgeschöpft wurde. Der Zimmermann dichtete einige Leckagen im Halbdeck und der Cajüte, trotzdem nahm das Wasser in der Cajüte zu, so dass der Zimmermann Löcher im Deck des Halbdecks und der Cajüte bohren musste, damit das Wasser in den Raum fliessen und durch die Pumpen beseitigt werden konnte, weil sonst der Proviant verdorben wäre. Die Luvpumpe war nicht mehr zu gebrauchen, weil das Schiff zu sehr überlag, das Wasser nahm in Cajüte und Halbdeck zu, und es stellte sich heraus, dass auch der Raum voll Wasser war. An ein Peilen der Pumpen war nicht zu denken. Das Schiff legte sich immer mehr nach der Leeseite, so dass das halbe Deck unter

Wasser kam. Der Schiffer wollte vor den Wind halten, um besser pumpen zu können; das Schiff gehorchte aber nicht mehr dem Ruder. Es wurde deshalb die Fock weggenommen, wobei das Schiff mit dem ganzen Bug bis zum Fockmast, halben Roof und Cajüte so unter Wasser setzte, dass die Nacken der grossen Raa ins Wasser kamen. Das Schiff lag zum Kentern; die Deckslast war wieder los geworden und richtete viel Schaden am Schiffe an. Um Schiff und Ladung zu retten, beschloss man, etwa um 1 Uhr Nachts die Masten zu kappen; es gehörte jedoch, da die Leeseite ganz unter Wasser lag, bei der Finsterniss der Nacht zu den Unmöglichkeiten, die Leewanten zuerst zu kappen, die Masten blieben deshalb längsseits des Schiffes liegen. Die Mannschaft war total erschöpft und nass, und campirte — da die Schotten der Cajüte zertrümmert waren — auf der Cajüte am stehengebliebenen Besahnmast. Vom Proviant war nur etwas Brod und Butter gerettet. Am Morgen wurden Nothsignale geheisst, und der schwedische Schooner »Lisboa«, Schiffer Hokanson von Helsingborg, kam der nothleidenden »Allegro« entgegen. Der Sturm und die See hatten sich etwas abgestillt und es war inzwischen möglich gewesen, den grossen Mast vom Schiffe zu lösen. Den Fockmast freizubekommen war mit dem von 5 Beilen allein noch übrig gebliebenen kleinen Beil (das sämmtliche Handwerkszeug des Zimmermanns war aus dem Roof gewaschen) nicht möglich, zumal das Bugspriet mit den Fockstagen zuviel unter Wasser setzte. Das Schiff befand sich zwar noch im Besitze des Ruders, aber die Ruderkette war gebrochen und liess sich nicht befestigen. Die Mannschaft folgte daher der Aufforderung des Schiffers Hokanson und verliess die »Allegro« in etwa 52° 17′ nördlicher Breite und 3° 10′ östlicher Länge von Greenwich in den eigenen Böten, zumal der vom Salzwasser durchnässte Proviant nicht ausreichte, längere Zeit das Leben zu fristen. Der Schooner »Lisboa« brachte Schiffer und Mannschaft nach Dover. In London entliess der Schiffer die Mannschaft und begab sich selbst auf Ordre des Rheders nach Nieuwediep (Holland), woselbst das Schiff inzwischen eingebracht war.

Die »Allegro« war zuerst durch den Bergungsdampfer »Simson« ins Schlepptau genommen, der sie aber des schlechten Wetters wegen nicht einbringen konnte. Später nahmen Fischer das Schiff in Besitz und liessen es durch den Dampfer »Hercules« nach Nieuwediep einbringen. Das gesammte Inventarium, bis auf die noch am Bug befindlichen Anker, die Seekarten und Instrumente sind verloren gegangen, das Schiff, dessen Steven los geworden war, woraus sich auch das starke Einströmen des Wassers erklärte, wurde condemnirt, die Ladung bis auf die zum Theil weggewaschene Deckslast ist an ihren Bestimmungsort gelangt.

Dieser Sachverhalt ist durch die Aussage des Schiffers in öffentlicher Audienz des Seeamts, von dessen Beeidigung Abstand genommen wurde, weil der Schiffer nebst der ganzen Mannschaft eine ganz gleichlautende Deposition bereits in London (vor Leopold Goldberg und Edmund Chalk commissioners to administer vaths in the Supreme Court of Indicature) beeidigt hatte, durch den Inhalt des von dem Schiffer vorgelegten Journals und die Auskunft der Rhederei über Versicherung und Classification des Schiffes festgestellt worden. Zu bemerken ist nur, dass nach der Auskunft der Hamburger Seewarte der Wind am 18. December 1881 Morgens bei Dover nur mit No. 5 (mässig), bei Yarmouth mit 3 (schwach), bei Gris-Nez allerdings mit 8 (stürmisch) und am selben Tage Abends bei Dover und Yarmouth mit 5, bei Gris-Nez mit 7 (steif) gemeldet und zwar aus West, bei Yarmouth Abends aus WSW. Dies steht mit obigen Angaben nicht im Einklange, da nach dem Journal der »Allegro« und den beeidigten Aussagen der Mannschaft der am 18. December Morgens 4 Uhr ausbrechende Orkan von WNW geweht hat, und auch schon am Sonnabend von 4 Uhr Nachmittags und demnächst den ganzen Montag WNW bis Nord Wind geherrscht hat. Da an der Richtigkeit der übereinstimmenden Aussagen der Mannschaft, die auch mit den sonst ermittelten Umständen in Einklang stehen, nicht gezweifelt werden kann, so lässt sich diese Abweichung nur dadurch erklären, dass die Witterungs-Erscheinungen am Lande und auf der See, wenn auch nur in 20 bis 30 deutsche Meilen Entfernung, nicht immer die gleichen sind.

Als Ursache des Seeunfalles kann hiernach nur der schwere Sturm und der hohe, aus verschiedenen Richtungen durcheinander laufende Seegang, welcher das Loswerden der Steven des Schiffes herbeigeführt hatte, angesehen werden. Die Deckslast ist zwar zu wiederholten Malen los geworden, und hat in diesem Zustande Beschädigungen auf dem Deck herbeigeführt; bei so schwerem Wetter, wie das Schiff zu bestehen hatte, ist hieraus indess kein Anhalt für eine mangelhafte Befestigung und für einen deshalb dem Schiffer oder Steuermann zu machenden Vorwurf zu entnehmen. Das Loswerden der Deckslast am 18. December in der Nordsee, nach wiederholt vervollständigter Befestigung, hatte auch wohl darin seinen Grund, dass das Schiff, in Folge des Loswerdens der Steven, zuviel Wasser eingenommen hatte und deshalb mit der Leeseite fast fortwährend unter Wasser lag.

Im übrigen ist kein Anhalt dazu vorhanden, weder an der Seetüchtigkeit des mit A I classificirten Schiffes, noch an der gehörigen Beladung und Bemannung zu zweifeln, noch endlich dem Schiffer oder Steuermann wegen ihres Verhaltens irgend welche Vorwürfe zu machen. Das Schiff gewährte der Mannschaft keinen, ihr Leben irgendwie sichernden Aufenthalt auf längere Zeit mehr, es war deshalb gerechtfertigt, dass sie dasselbe verliessen.

151. Spruch des Seeamts zu Stettin vom 4. März 1882, betreffend den Seeunfall des Schraubendampfers „Die Erndte" von Stettin.

Der Spruch des Seeamts lautet:

dass die Strandung des Schraubendampfers »Die Erndte«, Unterscheidungssignal JCFQ, in der Nacht zum 28. November 1881 nördlich vom Dorfe Nidden bei Polangen (Kurland) durch Stromversetzung und Unterlassung häufigeren Lothens verursacht worden ist.

Dem Antrage des Reichscommissars, dem Schiffer unter Belassung der Befugniss zum Betriebe des Gewerbes als Steuermann diejenige zum Betriebe des Schiffergewerbes zu entziehen, ist nicht entsprochen.

Gründe. Am 26. November 1881 Vormittags verliess der Schraubendampfer »Die Erndte«, Schiffer Bööck, in gutem seetüchtigen Zustande, mit einer genügenden Besatzung und einer aus Stückgütern (hauptsächlich Kupfer) bestehenden Ladung den Hafen von Stettin, kam Nachmittags in Swinemünde an und ging sofort weiter in See. Der Bestimmungsort des Schiffes war Libau und auf diesen Ort nahm es seinen Curs ONO½O. Das Wetter war hell und der Wind mässig. Am 27. November wehte eine frische Brise aus Süd, darauf steife Brise aus SSW bei bewölkter Luft und hoher See. Das Schiff arbeitete sehr stark. Gegen Nacht trat frische Brise aus SSW, regnerisches schlechtsichtiges Wetter und hohe See ein. Der Schiffer hatte die Wache von 8 bis 12 Uhr Nachts. Um 10¼ Uhr lothete er zum zweiten Mal auf seiner Wache, fand auf 32 Faden noch keinen Grund und beruhigte sich dabei, da dies mit seinem Besteck stimmte. Um 12 Uhr, ehe er die Wache abgab, lothete er wieder und zwar bei gestoppter Maschine, fand nun zu seinem Schrecken aber nur noch 6 Faden Wasser, wonach das Schiff sich in bedenklicher Nähe der Küste befinden musste, während es nach dem Besteck noch ungefähr 18 Seemeilen von derselben entfernt sein sollte. Der Schiffer ertheilte deshalb sofort das Commando »Ruder auf«, »Halt ab NO, Nord, NNW«, »Grosssegel ein«, »Maschine in Gang«, eilte schleunigst auf die Commandobrücke zurück und gab, als gleich darauf von vorn der Ruf »Brandung voraus« erscholl, nach der Maschine den Befehl »rückwärts«. Das Schiff setzte jedoch bereits durch und die Brandung brach über Deck. Gleich darauf setzte das Schiff nochmals so heftig durch, dass alles krachte. Auch als demnächst die Maschine rückwärts ging, hatte dies keinen Erfolg. Das Schiff wurde immer höher auf den Strand gesetzt. Betreffs des Commandos: »Maschine rückwärts« und der Ausführung desselben herrscht ein Widerspruch zwischen den Angaben des Schiffers und denen der anderen Zeugen. Der Schiffer will, als jenem Commando nicht sofort Folge gegeben wurde, nach dem zweiten harten Stoss von der Commandobrücke herunter nach der Luke des Maschinenraums (Thüre und Kappe waren geschlossen) gelaufen sein und hinuntergerufen haben, ob die Maschine auch rückwärts gehe, worauf ihm die Antwort gegeben sei: »Nein, vorwärts« und er nun das Commando »rückwärts« nochmals wiederholt haben.

Nach der übereinstimmenden beeidigten Aussage des Maschinisten und Heizers dagegen hat sich die Sache so verhalten, dass sie, welche die Maschine bei dem Antritt der neuen Wache um 12 Uhr gestoppt übernahmen, dieselbe auf das demnächst ertönende Commando »Maschine in Gang« vorwärts gehen liessen, dass, als die Maschine etwa 20 bis 30 Umdrehungen gemacht hatte, der Maschinist ein wiederholtes Durchsetzen des Schiffes merkte, deshalb den Heizer nach oben schickte, um zu fragen, was es gebe, und nun, als dieser das Commando: »Maschine rückwärts« überbrachte, auch gleichzeitig durch das Sprachrohr derselbe Befehl ertönte. Die Communication zwischen der Commandobrücke und dem Maschinenraum erfolgte durch ein Sprachrohr, dessen Oeffnung sich in Mannshöhe in der Nähe der Maschine befand. Repetirt wurde das Commando nicht.

Aus der verschiedenen Sachdarstellung ergiebt sich als richtiger Thatbestand soviel, dass auf das erste Commando des Schiffers: »Maschine in Gang« der Maschinist dieselbe hat vorwärts gehen lassen und dass das Commando »Maschine rückwärts« erst gekommen ist, als die Maschine bereits 20 bis 30 Umdrehungen vorwärts gemacht hatte.

Ein übliches Commando ist »Maschine in Gang« nicht; auch an Bord der »Erndte« ist darunter ein bestimmter Befehl nicht verstanden. Der Schiffer wollte damit sagen, dass die Maschine geschmiert und alles daran klar gemacht werden solle. Der Maschinist glaubte, es sei damit gesagt: die Maschine solle in den früheren Stand gebracht werden.

Das weitere Schicksal des Schiffes, welches festsass und einen starken Leck erhalten hatte, war, dass es entlöscht werden musste und nach tagelangem Arbeiten mit Mühe ab- und von Bergungsdampfern in den Libauer Hafen gebracht wurde.

Wie schon bemerkt, befand sich die Strandungsstelle in der Richtung des Curses des Schiffes etwa 18 Seemeilen näher dem Lande zu.

Ob diese Differenz nicht blos durch Stromversetzung, sondern auch durch kleine Fehler in der am Bord befindlichen Deviationstabelle ihre Erklärung findet, kann dahin gestellt bleiben. Für die letzteren würde jedenfalls der Schiffer nicht verantwortlich zu machen sein, weil sich die Tabelle bereits bei einer Reihe früherer Reisen bewährt hatte und deshalb kein Grund vorlag, im vorliegenden Falle Zweifel in ihre Richtigkeit zu setzen oder behufs ihrer Controle erneute Prüfungen vorzunehmen.

Dagegen kann der Schiffer nicht von aller Schuld betreffs des Irrthums über die Stellung des Schiffes freigesprochen werden. Ein häufigeres Lothen hätte ihn darüber aufklären müssen, dass das Schiff bedeutend näher der Küste sich befand, als er annahm, und war ein solches häufigeres Lothen um so mehr geboten, als es in Ermangelung der Sichtbarkeit irgend welcher Feuerzeichen das einzige Mittel zur genauen Bestimmung der Stellung des Schiffes war. Entschuldigungsmomente für den Schiffer sind andererseits der Umstand, dass er durch die Lothung um 10¼ Uhr seine Annahme über die Stellung des Schiffes glaubte bestätigt zu finden und andererseits die Voraussetzung, dass er bei seinem Curse vor Annäherung an das Land in den Feuerkreis des Libauer Feuers kommen zu müssen glaubte.

Wenn der Reichscommissar ausser in dem zu seltenen Lothen einen Grund für den Seeunfall und eine Verschuldung des Schiffers daran hauptsächlich in dem Umstande findet, dass derselbe, durch das plötzliche Finden der geringen Wassertiefe verwirrt, sein Schiff mehr wie ein Segel- als wie ein Dampfschiff behandelt und zu spät das Commando »Maschine rückwärts« ertheilt, vorher aber noch ein nichtssagendes Commando, nämlich: »Maschine in Gang«, ertheilt hat, so kann das Seeamt diese Ansicht bis auf den letzten Punkt, und auch bei diesem nur zum Theil, nicht theilen. Das Schiff war zu der Zeit, als die geringe Wassertiefe eine sofortige Cursänderung nöthig machte, da die Maschine zu jener Zeit stand, in der That mehr ein Segelschiff und deshalb das Commando des Schiffers »Ruder auf, halt ab, NO, Nord, NNW, Grosssegel ein« durchaus sachgemäss.

Das weitere Commando »Maschine in Gang« war allerdings, weil missverständlich, nicht richtig, vom Standpunkte des Schiffers aber, d. h. mit dem Sinne, welchen er diesem Commando beilegte, dass nämlich die Maschine nur fertig gemacht werden sollte, wenigstens ungefährlich.

Die Annahme des Reichscommissars aber, dass durch ein früheres Commando »Maschine rückwärts« der Seeunfall verhütet worden wäre, hält das Seeamt nicht für zutreffend, im Gegentheil wäre nach Ansicht des letzteren bei rückwärts gehender Maschine mit der rechtsschlagenden Schraube das Schiff dem Lande mehr zu als abgekehrt worden.

Das Seeamt hat sich deshalb auch der Auffassung des Reichscommissars, dass den Schiffer bei dem fraglichen Seeunfall der Vorwurf eines solchen Mangels an Umsicht trifft, dass ihm wenigstens die Concession als Schiffer zu entziehen sei, nicht anschliessen können.

152. Spruch des Seeamts zu Tönning vom 9. März 1882, betreffend den Seeunfall der Brigg „Römö" von Röm.

Schiff in Folge Selbstentzündung der aus Baumwolle bestehenden Ladung im Atlantischen Ocean verbrannt.

Der Spruch des Seeamts lautet:

dass das Schiff durch Selbstentzündung der Ladung verbrannt, dass jedoch weder Schiffer noch Steuermann durch Handlungen oder Unterlassungen den Unfall oder dessen Folgen verschuldet, auch nicht Mängel in der Bauart, Beschaffenheit, Ausrüstung oder Ladung den Unfall herbeigeführt haben.

Gründe. Es ist durch die vor dem Consulat zu Dünkirchen abgelegte eidliche Verklarung, die Ermittelungen des Seeamts und die Verhandlungen vor demselben thatsächlich festgestellt, dass der Schiffer List, Eigner und Führer der Brigg »Römö«, Unterscheidungssignal LKPD, mit einer Mannschaft von 7 Mann am 17. October 1881 von Norfolk mit Baumwolle beladen nach Gent abgegangen ist. Die Reise ging bis zum 1. November ohne besondere Ereignisse von statten, als plötzlich die Luke und die Quarterdeckskappe aufsprang und Rauch und Funken aus denselben herausströmten, und auch die Cajüte vollständig mit Rauch angefüllt wurde. Eine Untersuchung ergab, dass das Feuer hinter dem Grossmast unter den Decksbalken der Vorderseite seinen Sitz habe, und wurde, nachdem in Fässern möglichst viel Wasser an Deck gebracht, beim Grossmast ein Loch in das Deck gemacht und über eine Stunde lang Wasser hineingegossen, ohne dass jedoch das Feuer, welches zu weit nach unten sich befand, hierdurch gelöscht wurde. Loch und Luke wurden nun dicht gemacht und ein Segel darüber gedeckt, das fortwährend nass gehalten wurde. Es wurden Proviant, Zeug und Instrumente aus der Cajüte nach dem Volkslogis genommen und in der Cajüte durch Baumwolle alles möglichst verdichtet, dennoch drang in der Cajüte und unter dem Segel fortwährend Rauch hervor. Von dem heftigen Rauch und der Hitze wurde die ganze Mannschaft krank und blieb das Schiff, indem das Segel stets nass gehalten wurde, beim Winde liegen. Am 2. November wehte es heftig. Das grosse Boot wurde zum Aussetzen fertig gemacht. Das Hinterdeck war fortwährend in Rauch gehüllt, das Quarterdeck wurde heiss und im Schiff zeigten sich 19 Zoll Wasser; um möglichst das Feuer zu ersticken, wurde vom Pumpen abgesehen; das Feuer griff jedoch immer mehr um sich, und hielt der Schiffer nach den Azoren ab, um Schiffe zu treffen oder eine Insel zu erreichen. Am 3. blieb das Feuer dasselbe, das Wasser stieg auf 22 Zoll, am 4. sogar auf 27 Zoll und wurde nun bis auf 12 Zoll lenz gepumpt. In der Nacht vom 4. auf den 5. kam ein Schiff in Sicht, dem man sich näherte, und das am nächsten Morgen aufgefordert wurde in der Nähe zu bleiben, damit man nochmals versuchen konnte, Herr des Feuers zu werden. Es wurden alle Fässer voll Wasser um die Hinterluke gestellt und diese geöffnet, worauf sofort Rauch und Dampf und trotz allem Wasser helle Flammen herausschlugen. Der Schiffer befragte jeden einzelnen der Mannschaft über die Lage des Schiffes und alle waren darin einig, dass eine Rettung unmöglich sei. Das grosse Boot wurde nunmehr ausgesetzt und von der Mannschaft bestiegen. Kurz nach 9 Uhr Morgens stand das Schiff in hellen Flammen. Um 9½ Uhr nahm die norwegische Bark »Niobe« die Mannschaft auf, während die Brigg »Römö« zu Grunde ging.

Die Brigg »Römö« war in Norfolk neu verzimmert, völlig seetüchtig und zu 50 000 Kronen in Kopenhagen versichert.

Der Unfall ist zweifelsohne dadurch herbeigeführt, dass die Baumwolle, die beim Laden scheinbar sich im untadelhaften Zustande befunden und an der auch nicht das geringste Verdächtige bemerkt war, sich entzündet und dadurch das Schiff vernichtet worden ist. Den Schiffer oder die Mannschaft trifft keine Schuld, vielmehr ist alles geschehen, was möglich war, um den Unfall abzuwenden, es konnte jedoch, da der Sitz des Feuers zu weit nach unten war, das Feuer nicht gelöscht, das Unglück nicht verhindert werden.

153. Spruch des Seeamts zu Emden vom 11. März 1882, betreffend den Seeunfall des Schooners „Schwalbe“ von Grossefehn.

Schiff, nachdem die aus Hafer bestehende Ladung übergeschossen und die Pumpen unklar geworden waren, an der holländischen Küste auf den Strand gesetzt und wrack geworden.

Der Spruch des Seeamts lautet:

Der Unfall des Schooners »Schwalbe«, Unterscheidungssignal KCPW, von Grossefehn ist auf das am 18. December 1881 erfolgte Uebergehen der von demselben geführten Haferladung zurückzuführen, dem Schiffer Duis jedoch die Befugniss zur ferneren Ausübung des Schiffergewerbes zu belassen.

Entscheidungsgründe. Der im Jahre 1867 zu Papenburg erbaute, zu Grossefehn heimathberechtigte und einer dortigen Rhederei, bei welcher der Schiffsführer F. E. Duis zu Grossefehn mit 1/4 betheiligt war, gehörig gewesene Schooner »Schwalbe«, vermessen zu 265 cbm = 93,55 britischen Register-Tons Netto-Raumgehalt, versichert zu 16000 ℳ. und bis zum 22. December 1881 beim Germanischen Lloyd zu A. 1 classificirt, ist am 19. desselben Monats an der holländischen Küste unweit Nieuvediep gestrandet.

Die »Schwalbe« kam damals von Petersburg, wo sie gegen Ende October 1881 eine aus reichlich 1200 Scheffeln Hafer bestehende Ladung nach Kopenhagen für Ordre eingenommen hatte, gelangte mit dieser Ladung und ihrer regelmässigen Besatzung von 5 Personen am 30. October 1881 in See, erhielt in Kopenhagen Ordre für Dünkirchen und war sodann am 19. November von Kopenhagen, woselbst sie 5 Tage lang auf der Rhede gelegen hatte, weiter gesegelt.

Am 25. November lief das Schiff stürmischen Wetters wegen Flekkerö an, wo es bis zum 9. December liegen blieb, befand sich am 16. December in Sicht von Lowestoft und nahm von dort den Curs auf die französische Küste zu. Am 17. December trat wiederum stürmisches Wetter ein, welches auch am folgenden Tage anhielt, und schoss an diesem Tage die Ladung so weit nach Backbord über, dass das Schiff bis zur Mitte unter Wasser lag. Nachdem der Schiffer hatte halsen lassen, fiel das Schiff sofort nach Steuerbord über, begann auch etwas Wasser zu machen, indessen konnte bei der Lage des Schiffes von den Pumpen, die auch schon vorher mehrfach Hafer ausgegeben hatten, kein Gebrauch mehr gemacht werden. Um das Schiff auf der See zu halten, liess der Schiffer 60 Faden Kette ausstechen, es trieb jedoch mehr und mehr der Küste zu, konnte auch Sturmes wegen Segel nicht führen und wurde daher schliesslich die Kette geschlippt und vor dem Winde nach dem Strande abgehalten, wo die »Schwalbe« in der Nacht vom 18/19. December festlief. Die Besatzung zeigte Nothsignale und wollte sodann mit dem eigenen Boote das Schiff verlassen, durch die starke Brandung, welche über das Schiff hinweglief, wurde jedoch das Boot zerschlagen und musste sich die Mannschaft in die Takelage flüchten, bis sie am folgenden Morgen durch das Rettungsboot von Nieuvediep geborgen wurde.

Die »Schwalbe« ist in Folge jenes Unfalles wrack geworden. Als Ursache des letzteren aber musste das am 18. December erfolgte Uebergehen der Ladung angesehen werden und war dafür der Grund in mangelhafter Stauung zu suchen. In solcher Beziehung ist nämlich durch die stattgehabte Verhandlung ferner constatirt, dass die aus losem Hafer bestehende Ladung durch Schotten nicht gesichert gewesen ist, insbesondere der Schiffer, obgleich der Steuermann das Setzen eines Längsschottes in Anregung brachte, von demselben Abstand genommen hat, um den Raum besser ausfüllen zu können. Darnach ist dann die Ladung bis auf die Höhe von 2½ Fuss festgetreten und demnächst mit den Händen, bezw. mit Knüppeln unter die Decksbalken eingeschoben.

Der Verlauf der Reise ergiebt zur genüge die Bedenklichkeit dieses Verfahrens. Es hängt damit zusammen, dass schon auf der Reise bis Kopenhagen die »Schwalbe« sich bei stürmischem Wetter wiederholt, nämlich am 4. und 5. November, sowie nochmals am 12. November, in auffallender Weise auf die Seite gelegt hatte, und wird, wenngleich der Schiffer dies dadurch zu erklären sucht, dass die »Schwalbe« mit Getreideladungen immer etwas rank gewesen sei, doch vom Steuermann zugegeben, dass auch in diesen Fällen ein Uebergehen der Ladung, allerdings nur in geringem Maasse, stattgefunden habe. Gleichwohl ist weder auf der Rhede von Kopenhagen, noch später nach dem Anlaufen von Flekkerö zur Wiederbefestigung der Ladung etwas geschehen, da, wie der Steuermann bestätigt, die »Schwalbe« bei der Ankunft in Kopenhagen gar keine, beim Anlaufen von Flekkerö aber nur eine ganz geringe Schlagseite gehabt habe und ist denn freilich auch wohl anzuerkennen, dass an beiden Stellen ohne vorgängige völlige Entlöschung eine ausreichende Befestigung der Ladung kaum möglich gewesen sein würde.

Nachdem die »Schwalbe« von Flekkerö wieder ausgelaufen war, ist nun in der Nacht vom 11. zum 12. Dezember nach Inhalt des geborgenen Journals, bezw. den Angaben des Steuermanns, die Ladung nochmals wieder übergegangen, am 18/19. December endlich aus gleichem Grunde der Verlust des Schiffes herbeigeführt worden und bei dieser Sachlage vom Reichscommissar der Antrag gestellt, dem Schiffer Duis die Befugniss zur ferneren Ausübung des Schiffergewerbes zu entziehen.

Dieser Antrag war jedoch abzulehnen. Denn hat sich freilich die Verstauung der Ladung in vorliegendem Falle als eine ungenügende erwiesen und liegt dem Schiffer zufolge Artikel 481 des Handelsgesetzbuches die Verpflichtung ob, seinerseits für gehörige Stauung zu sorgen, so ist für den Umfang dieser Verpflichtung doch eben in dem bestehenden Seemannsgebrauche der Maassstab zu suchen und ist ein solcher für Fälle der hier fraglichen Art eben in einer allseitig anerkannten Weise noch nicht festgestellt. Insbesondere erkennt der in der seeamtlichen Untersuchungssache, betreffend den in See verlassenen Schooner »Alida«, Unterscheidungssignal KCWN, von Westrhauderfehn, unterm 4. Mai 1881 ergangene Spruch des Kaiserlichen Ober-Seeamts ausdrücklich an, dass für die Anwendung von Schotten bei Haferladungen ein allgemeiner Seemannsbrauch nicht vorliege, vielmehr derartige Ladungen vielfach nur festgestampft werden und auch dies nur geschehe, soweit es die Raumhöhe des Schiffes zulasse. Darnach und mit Rücksicht auf die Raumverhältnisse der »Schwalbe« ist denn auch in vorliegendem Falle der Schiffer Duis durch die gewählte Art der Verstauung seiner Ladung mit den ihm als Schiffer obliegenden Verpflichtungen nicht in einen solchen Widerspruch getreten, welcher darauf schliessen liesse, dass es ihm überhaupt an den zur Ausübung des Schiffergewerbes erforderlichen Eigenschaften mangele, und war deshalb so, wie geschehen, zu erkennen.

154. Spruch des Seeamts zu Hamburg vom 14. März 1882, betreffend den Seeunfall der Bark „Excelsior“ von Hamburg.

Die in Hamburg heimathberechtigte eiserne Bark »Excelsior«, Unterscheidungssignal RFJT, strandete am 27. November 1881, nachdem sie von ihren Ankern gerissen war, an der Südspitze der zur Gruppe der Scilly-Inseln gehörigen Insel St. Martins und lief dort voll Wasser, wurde am 22. Januar 1882 nach Entlöschung ihrer aus Reis bestehenden Ladung mit Hülfe von Tauchern wieder gehoben und abgebracht, kenterte dann aber am selben Tage bei dem Versuche, das Schiff nach dem Hafen der gleichfalls zur Scilly-Gruppe gehörigen Insel St. Marys überzuführen und ist seitdem, soweit ermittelt, als völlig verloren zu betrachten.

Die zunächst nur mit Bezug auf den ersten Unfall des Schiffes, die Strandung desselben, eingeleitete Untersuchung konnte erst zum Abschluss gebracht werden, nachdem der Führer des Schiffes nach Hamburg zurückgekehrt war. Derselbe war bis zu dem weiteren, den Verlust des Schiffes herbeiführenden Unfall, behufs Ordnung der Havarieangelegenheit und Hülfeleistung bei den von den Versicherern des Schiffes für ihre Rechnung übernommenen Bergungsarbeiten, an Ort und Stelle zurückgehalten worden.

Den beeidigten Depositionen des Schiffers und des ersten Steuermanns vor dem Seeamt, sowie dem sonstigen Beweismaterial, insbesondere auch der die Strandung betreffenden, in St. Marys abgelegten notariellen Verklarung und dem Schiffsjournal, ist der folgende Thatbestand zu entnehmen:

Das im Jahre 1877 auf der Reiherstieg-Schiffswerft und Maschinenfabrik unter Spezialaufsicht des Bureau Veritas aus Eisen erbaute, mit der höchsten Veritas-Classe versehene und zu 1838,3 cbm = 648,93 britischen Register-Tons Netto-Raumgehalt vermessene Schiff stand seit der letzten Ausreise von hier unter Führung des schon seit 16 Jahren als Schiffer für eine und dieselbe Rhederei fahrenden R. H. A. Loose. Versichert war das Schiff an der Hamburger Börse auf Grund eines taxirten Werthes von 200 000 ℳ. zur gleichen Summe. Am 11. November 1881 war der »Excelsior« mit einer vollen Ladung Reis und einer Besatzung von 15 Köpfen, einschliesslich des Schiffers, von Rangoon kommend vor der Einfahrt in den Kanal angelangt. Da das Besteck des Schiffes in Folge einer Ungenauigkeit im Gange des Chronometers kein ganz sicheres war, auch die Beschaffenheit der Luft am letzten Tage eine genaue Observation nicht ermöglicht hatte, und da überdies stürmisches Wetter im Anzuge zu sein schien, so entschloss Schiffer Loose sich am Abend des 11. von einem in Sicht gekommenen Scilly-Lootsenkutter einen Lootsen an Bord zu nehmen und langte das Schiff um 7 p. m. unter Führung dieses Lootsen glücklich auf der Rhede von St. Marys (Scilly-Inseln) an. In der Chartepartie des Schiffes für die fragliche Reise waren dem Schiffer Queenstown, Scillys oder Falmouth nach seiner Wahl als Orderhäfen bezeichnet. Er fand aber die erhoffte Order in St. Marys nicht vor, blieb auch ohne Versegelungsanweisung, obwohl er sofort, und zwar, da die telegraphische Verbindung zwischen den Scillys und der englischen Küste zeitweilig unterbrochen war, durch Vermittelung eines zu dem Zweck nach Penzance gesandten Expressbootes, sowohl seinem Rheder wie den Charterern des Schiffes seine Ankunft telegraphisch angezeigt und bei denselben wegen Versegelungsorder angefragt hatte. Da das Schiff auf der fast rings von Inseln umgebenen und nur in dem Strichwinkel von WNW bis WSW nach See zu offenen Rhede auf 5 Faden Wassertiefe und festem aus Thonerde bestehenden Ankergrund völlig geschützt und sicher zu liegen schien, so beabsichtigte Schiffer Loose dort bis zum Eintreffen weiterer Reisebestimmung liegen zu bleiben. Der Wind war anfänglich von wechselnder Stärke und vorwiegend aus südwestlicher Richtung. Am Abend des 26. November steigerte sich der Wind aber zu einem schweren Südweststurm und lief in der Nacht auf den 27. in einer orkanartigen Böe nach West um. Der Wind hatte nun eine Stärke von 11 nach Beauforts Skala angenommen, während das Barometer bis auf $28{,}_{88}$ sank und diesen niedrigen Stand auch noch am nächsten Vormittag beibehielt, Angaben, welche Schiffer Loose den Beobachtungen der meteorologischen Station auf St. Marys entnommen zu haben bezeugt hat. Das Schiff lag jetzt vor beiden Ankern, und wurde nach und nach immer mehr Kette ausgesteckt, so dass die des Backbordankers bis auf den Tamy in Länge von 105 Faden ausgegeben war. Schiffer Loose war sowohl während der Nacht, wie auch am folgenden Morgen fast ununterbrochen selbst an Deck und wurde die ganze Mannschaft in Bereitschaft an Deck gehalten. Die Ankerketten wurden auf das Sorgsamste beobachtet und vermöge des Patentspills genau regulirt, um den Druck immer thunlichst gleichmässig auf beide Ketten zu vertheilen. Auch wurden Stopper auf beide Ankerketten gesetzt und vermöge Taljen an auf Deck befindlichen Pollern befestigt, um dadurch dem Spill bessern Halt zu geben. Trotz aller Vorsichtsmassregeln brach aber im Laufe des Vormittags zunächst die Backbordkette, wie sich beim Einhieven zeigte, in geringer Entfernung vom Anker. Sofort wurde alle noch vorhandene Kette des anderen Ankers ausgesteckt. Ehe man aber noch dazu kommen konnte, den Reserveanker fallen zu lassen, zu welchem Behuf man erst die Backbordkette einhieven und den Reserveanker an Deck holen musste, brach auch die Steuerbordkette und gerieth das Schiff jetzt vor dem sofort fallen gelassenen Reserveanker ins Treiben. Ein nun unternommener Versuch, die Marsstengen zu kappen, misslang, indem dieselben, trotzdem Pardunen und Stagen durchschnitten waren, nicht fallen wollten. Dampferassistenz war nicht zu haben. Nachdem das Schiff nun zunächst in nordöstlicher Richtung auf Crowbar getrieben war und dort leck gestossen hatte, blieb dem Schiffer zur thunlichsten Rettung von Schiff und Ladung nichts anderes zu thun übrig, als das Schiff durch Setzen von Vorsegeln vor den Wind zu bringen, nachdem der Reserveanker geslippt war, und dasselbe über Crowbar weg möglichst hoch auf den Strand der Insel St. Martins zu setzen, ein Unternehmen, welches unter Führung eines an Bord gekommenen Lootsen ins Werk gesetzt wurde. Erst um 6 Uhr Abends kam das Schiff zum Stillstand. In Folge der Dunkelheit hatte der Lootse aber die günstige Strandungsstelle verfehlt, und gerieth das Schiff auf Felsen fest, während man etwas weiter östlich Sandgrund gehabt hätte. Auf Anordnung der am nächsten Tage an Bord gekommenen Besichtiger wurden Anker ausgebracht, um das Schiff an der Strandungsstelle festzuhalten und ein weiteres Hinaufschieben desselben auf die Klippen zu verhindern. Die weiteren auf das Schiff bezüglichen Bergungsmassregeln hatte Schiffer Loose einem auf Anordnung des Londoner Agenten der Hamburger Assecuradeure, welche das Casco des Schiffes versichert hatten, von London aus an Ort und Stelle gekommenen Assecuranzexperten zu überlassen und kam später in Person des Sekretärs des Vereins Hamburger Assecuradeure noch ein weiterer Bevollmächtigter der Casco-Versicherer an Ort und Stelle. Nachdem die Ladung gelöscht war, ein Unternehmen, welches in Folge des überaus geringen Wasserstandes am Schiff bei Niedrigwasser sehr viel Zeit und Mühe kostete, begann man mit Hülfe von Tauchern die provisorische Dichtung des Schiffes, wobei sich herausstellte, dass der Boden des Schiffes an Steuerbordseite, nach der das Schiff überlag, an verschiedenen Stellen durchlöchert war, wie auch eine Reihe von eisernen Spanten gebrochen waren, Beschädigungen, die das Schiff zum grössten Theil erst erlitten hatte, während es an der Strandungsstelle festsass und bei dem häufig stürmischen Wetter heftig arbeitete. Erst am 22. Januar gelang es nach verschiedenen vergeblichen Versuchen mit Hülfe von zwei Dampfpumpen, von denen die grössere an Deck des »Excelsior« an Backbordseite so aufgestellt war, dass ihr Schlauch durch die grosse Luke in den Raum geführt wurde, das Schiff soweit auszupumpen, dass dessen Hebung unternommen werden konnte. Dieselbe gelang am Nachmittag des 22. Januar als ungefähr Hochwasser war. Das Schiff hatte aber auch nach der Hebung noch beträchtlich Schlagseite nach Steuerbord, indem die Dampfpumpen, von denen die eine, wie bereits erwähnt, an Deck des Schiffes, die andere in einem längsseits befindlichen Schlepper placirt war, das durch die Löcher an Steuerbordseite eindringende Wasser nicht völlig zu bewältigen vermochten. Geballastet hatte man das Schiff mit ungefähr 40 Tons Steinballast, welchen man, um dem Ueberneigen des Schiffes nach Steuerbord entgegenzuwirken, an Backbordseite verstaut hatte, und beabsichtigte man das Schiff zunächst nach dem Hafen von St. Marys zu verholen, um dort eine provisorische Reparatur desselben vorzunehmen. Während das Schiff nun von dem an Backbordseite tauenden Schleppdampfer bugsirt wurde, dem sich später noch ein voraustauender Schleppdampfer anschloss, gerieth dasselbe beim Passiren von Crowsound in Folge einer dort herrschenden leichten Dünung ins Schwanken und kenterte plötzlich, indem es sich platt auf Backbordseite legte. Der längsseits tauende Schleppdampfer rettete sich durch Kappen seiner Trosse und war glücklicherweise ein Verlust von Menschenleben bei dem Unfall nicht zu beklagen. Nach diesem abermaligen Unfall wurde von weiteren Bergungsversuchen Abstand genommen und das Schiff, wenigstens im Verhältniss zwischen Versicherern und Versicherten, als total verloren aufgegeben.

Bei Beurtheilung des vorstehenden Sachverhalts war zunächst davon auszugehen, dass dem Führer des Schiffes, Schiffer Loose, eine Verantwortung für den Misserfolg der am Schiffe vorgenommenen Bergungsarbeiten nach Lage der Sache nicht beigemessen werden kann. Schiffer Loose hat in dieser Beziehung mit Recht geltend gemacht, dass, nachdem die Versicherer durch ihren Vertreter die Leitung der Bergungsarbeiten für ihre Rechnung übernommen hatten, er sich einer selbständigen Thätigkeit habe enthalten müssen und dass, wenn er auch noch an der Strandungsstelle verblieben und bei den Bergungsarbeiten mit thätig gewesen sei, er dabei doch nur nach Anweisung der Assecuranzbevollmächtigten habe handeln können. Diese Auffassung des Schiffers ist auch von dem vom Seeamt gleichfalls zeugeneidlich vernommenen Sekretär des Vereins Hamburger Assecuradeure, als der unter den Betheiligten obwaltenden Anschauung entsprechend, bestätigt worden. Es ist damit der zweite Unfall, welcher letztere erst den Verlust des Schiffes herbeiführte, für die Frage nach einem etwaigen Verschulden des Schiffers an dem Schicksal seines Schiffes von vornherein auszuscheiden. Wie weit etwa von anderer Seite nicht mit aller durch die Umstände des Falles gebotenen Vorsicht verfahren worden und dadurch das Kentern des Schiffes herbeigeführt worden sein sollte, entzieht sich nach Sachlage der Beurtheilung des Seeamts, zumal eine bei dem deutschen Consul in St. Marys eingezogene Erkundigung ergeben hat, dass irgend welche den Unfall betreffende Beweiserhebungen an Ort und Stelle nicht stattgehabt haben. Die unmittelbare Ursache des letzteren Unfalls wird in Uebereinstimmung mit der sowohl vom Schiffer Loose, wie von dem Sekretär des Vereins Hamburger Assecuradeure geäusserten Ansicht aller Wahrscheinlichkeit nach in dem Umstande zu erblicken sein, dass die an Deck des »Excelsior« placirt gewesene Dampfpumpe während des Schleppens für längere Zeit — nach Angabe der Zeugen etwa zehn Minuten bis eine Viertelstunde lang — den Dienst versagte und dass das Wasser im Schiff dadurch wieder so sehr wuchs, dass dessen Ueberschiessen bei den durch die Dünung bewirkten seitlichen Bewegungen des Schiffes dessen Gleichgewicht stören und das Kentern herbeiführen musste. Uebrigens ist bezeugt, dass die äusseren Bedingungen für die Ueberführung des Schiffes nach St. Marys an jenem Tage durchaus günstige waren, wie insbesondere nur eine kaum merkbare Brise wehte und in Folge dessen die Dünung im Crowsound, bei dessen Kreuzung das Schiff kenterte, nur eine ganz schwache war.

Es erübrigt eine Prüfung in der Richtung, ob dem Schiffer Loose irgend welches Verschulden an dem früheren Unfall seines Schiffes, dem Bruche der Ankerketten und der dadurch verursachten Strandung beigemessen werden darf. Das Seeamt musste auch bei

Prüfung dieser Frage zu einer jedes Verschulden des Schiffers verneinenden Antwort gelangen.

Wenn Schiffer Loose zunächst die Scilly-Gruppe anlief und dort, als er keine Order vorfand, verblieb, so würde ihm daraus selbst dann ein Vorwurf nicht erwachsen können, wenn er dort einen günstigen Liegeplatz für sein Schiff nicht gefunden hätte; denn die Scillys waren ihm in seiner Chartepartie ausdrücklich als Orderhafen aufgegeben und, nachdem er sich seinen Ladungsempfängern und seinem Rheder als dort eingetroffen gemeldet hatte, musste ihm ein Wiederverlassen jenes Platzes vor Empfang weiterer Order ohne zwingende Gründe misslich erscheinen, indem er sich sonst für eine etwa verzögerte Erreichung seines definitiven Bestimmungshafens verantwortlich gemacht haben würde. Schiffer Loose hatte nach der natürlichen Beschaffenheit der Rhede aber auch keinen genügenden Grund, Misstrauen in die Sicherheit seines Ankerplatzes zu setzen. In Betracht zu ziehen ist hier zunächst, dass der Ankergrund ein sehr guter und die Rhede fast ringsum durch Inseln geschützt war, wie auch in den allein offenen Richtungen zwischen WSW und WNW der Einfahrt vorliegende Felsen die Gewalt des Seegangs brechen, so dass selbst bei dem schweren Weststurm, welcher zur Zeit des Unfalles wehte, auf der Rhede nur Dünung, nicht aber ein eigentlicher Seegang herrschte. Ebensowenig rechtfertigt sich aber die Annahme, dass eine mangelhafte Beschaffenheit des Schiffes, insbesondere der Ankerketten, irgendwie zu dem Unfall beigetragen haben könne. Schiffer Loose hat in dieser Beziehung namentlich angeführt, dass die Ketten auf ihre Stärke von der englischen Admiralität geprüft worden seien und hat eine Erkundigung beim Büreau Veritas ergeben, dass dem Schiffe, welches erst 1877 unter Specialaufsicht erbaut worden war und die höchste Classe des Instituts erhalten hatte, diese Classe im December 1880 auf Grund einer genauen Revision im Trockendock bestätigt worden war, wie insbesondere auch die Ketten von der vorschriftsmässigen Stärke und Beschaffenheit waren. Wenn ferner Schiffer Loose, während sein Schiff bei St. Marys ankerte, nur Oberbram und Bramraaen an Deck genommen, die Stengen aber sämmtlich oben gelassen hatte, so kann sein Verfahren auch in dieser Beziehung einen Tadel nicht verdienen. Eine weitere Abtakelung, als geschehen, würde, da Schiffer Loose täglich, ja stündlich seine Versegelungsorder zu erwarten hatte, allem seemännischen Brauch widersprochen haben, auch eine Arbeit gewesen sein, die sich bei einer im Verhältniss zur Grösse des Schiffes nur mässigen Besatzung nur mit bedeutendem Aufwand an Mühe und Zeit hätte bewerkstelligen lassen. Da endlich nach der Beweisaufnahme auch darüber kein Zweifel obwalten kann, dass Schiffer Loose auch während des Sturmes, in dem der Unfall eintrat, mit aller nach Sachlage möglichen Vorsicht verfahren ist, wie er insbesondere auch während des grössten Theils der Nacht und am Vormittag ununterbrochen selbst an Deck war und für thunlichste Sicherung des Ankergeschirrs persönlich Sorge trug, so kann ihm die Anerkennung nicht versagt werden, dass er in jeder Beziehung als tüchtiger und umsichtiger Schiffsführer gehandelt hat und wird der dennoch eingetretene Verlust des Schiffes als ein Ereigniss angesehen werden müssen, welches lediglich auf äussere, von menschlicher Macht und Berechnung unabhängige Einflüsse, namentlich auf die aussergewöhnliche Stärke des Sturmes und den dadurch auf das schwer beladene Schiff und indirekt wieder auf die Ketten ausgeübten übergrossen Druck zurückzuführen ist.

Dass Schiffer Loose auch nach dem Bruch der Ankerketten durchaus richtig und sachgemäss gehandelt hat, wird nach dem oben mitgetheilten Beweisergebniss weiterer Ausführung nicht bedürfen.

Das Seeamt hatte auf Grund vorstehender Erörterungen seinen Spruch dahin abzugeben:

> Die Strandung der eisernen Bark »Excelsior« ist dadurch verursacht worden, dass, während das Schiff bei schwerem Weststurm auf der Rhede von St. Marys ankerte, beide Ankerketten brachen. Schiffer Loose trifft irgend welches Verschulden an dem Unfall nicht, vielmehr ist anzunehmen, dass derselbe lediglich durch höhere Gewalt verursacht wurde. Ebensowenig kann den Schiffer für das spätere, bei dem unter Leitung der Versicherungsbevollmächtigten unternommenen Bergungsversuche eingetretene Kentern und den dadurch herbeigeführten Verlust des Schiffes irgend welche Verantwortung treffen und ist anzuerkennen, dass Schiffer Loose seinen Pflichten als Schiffer in vollem Umfange genügt hat.

155. Spruch des Seeamts zu Hamburg vom 15. März 1882, betreffend den Seeunfall der Schoonerbrigg „Lisette“ von Blankenese.

Schiff in der Petty-Harbour-Bay (New Foundland) gestrandet und wrack geworden.

Die in Blankenese beheimathete Schoonerbrigg »Lisette«, Unterscheidungssignal LDJM, strandete am 6. Februar 1882 in der an der Küste von New Foundland belegenen Petty-Harbour-Bay und ging total verloren. Von der aus sieben Personen einschliesslich des Schiffers bestehenden Besatzung wurden nur drei Mann, der Steuermann und zwei Matrosen, gerettet, während der Schiffer und die übrigen Leute ihren Tod in den Wellen fanden. Von dem geretteten Theil der Besatzung wurde vor dem deutschen Consul in St. Johns, welcher daselbst zugleich als Notar fungirte, Verklarung belegt und kehrte sodann der Steuermann des Schiffes über Halifax nach Deutschland zurück, während die beiden anderen Leute in Amerika verblieben.

Ueber die näheren Umstände des Unfalls hat das Seeamt Kenntniss erlangt durch ein vom Correspondentrheder und Miteigenthümer des Schiffes, Schiffscapitain H. Spiesen in Blankenese, eingereichtes an ihn gerichtetes Schreiben des Consuls in St. Johns, eine diesem Schreiben beigeschlossene beglaubigte Ausfertigung der Verklarung, sowie einen gleichfalls vom Consul dem Correspondentrheder übersandten, die Darstellung eines Augenzeugen enthaltenden Zeitungsbericht über die Strandung und vor Allem durch die vor dem Seeamt abgelegte und beschworene Aussage des Steuermanns des Schiffes, P. C. E. Haase. Vernommen wurde ausserdem der Correspondentrheder Spiesen. Das Schiffsjournal sowie sämmtliche Schiffspapiere sind bei dem Unfall verloren gegangen.

Dem angeführten Beweismaterial, sowie dem sonst durch Einziehung eines Auszugs aus dem Schiffsregister u. s. w. ermittelten war der folgende Sachverhalt zu entnehmen:

Die »Lisette«, ein im Jahre 1859 von Eichenholz erbautes, zu 425,4 cbm oder 150,17 britischen Register-Tons Netto-Raumgehalt vermessenes Schiff, besass die Classe 5/6 A. 1. 1. bei Veritas, welche Classe dem Schiff im November 1880 in New York, woselbst das Schiff geöffnet, reparirt und mit einer neuen Metallhaut beschlagen wurde, von neuem auf vier Jahre ertheilt worden war. Seit Ende

1878 wurde das Schiff vom Schiffer J. Büttner aus Blankenese geführt. Dasselbe versegelte von hier aus zunächst nach der Ostküste von Brasilien und war von jener Zeit ab in den amerikanischen Gewässern in Küstenfahrt beschäftigt. Im Herbst 1881 erhielt das Schiff eine Fracht nach New York und wurde daselbst für eine Reise nach St. Johns an der Küste von New Foundland verchartert, um dort eine Ladung Fische für Brasilien an Bord zu nehmen. In New York musterte Schiffer Büttner neue Mannschaft, von der bisherigen blieb nur der in Rio nachgemusterte Steuermann Haase an Bord. Die für St. Johns bestimmte Ladung bestand aus Mehl und Schweinefleisch in Fässern. In der ersten Hälfte Januar hatte das Schiff New York verlassen und passirte nach einer seit dem Passiren von Sable Island stürmischen Reise am 4. Februar Morgens Cap Race. Schon am Abend desselben Tages erhielt man Cap Spear in Sicht und später auch das Hafenfeuer von St. Johns, konnte aber contrairen Windes halber — der Wind war Nachts nach Norden umgelaufen und nun von heftigen Schneeschauern begleitet — nicht einsegeln. Am nächsten Morgen um 3 Uhr gerieth das Schiff in Schlammeis, später in festes Eis und trieb nun bei abflauendem Winde steuerlos im Eise. Hierbei machte der Steuermann die Wahrnehmung, dass der Strom das Schiff in südlicher Richtung wieder weiter zurücksetzte. Eine am Abend des 5. durchkommende mässige Brise aus SO wurde sofort benutzt, um das Schiff wieder auf seinen Bestimmungshafen zuzusteuern, dasselbe machte aber in der umgebenden Eisfläche nur geringen Fortgang, so dass man nicht um Cap Spear herumzukommen vermochte; als dann in der Nacht der Wind wieder nördlich lief, entschloss man sich schutzsuchend nach Petty-Harbour-Bay einzulaufen, um in dem kleinen Hafen des Fischerdorfes Petty Harbour zu ankern und dort günstigere Reisegelegenheit abzuwarten. Durch Strömung und Eis verfehlte man aber den richtigen Curs nach Petty Harbour, kam zu südlich und der Südspitze der Bay zu nahe. Bei dem Versuche über Stag zu gehen, versagte das Schiff die Wendung. Der Schiffer liess jetzt die Segel zum grössten Theil festmachen, indem er von der Hoffnung ausging, dass das Eis am Lande stark genug sein werde, um das Schiff am Stranden zu verhindern. Diese Hoffnung erwies sich leider als eine verfehlte, indem das Schiff vielmehr durch das Eis näher an die Küste gedrängt wurde und hierauf an der Südspitze von Petty-Harbour-Bay in geringem Abstand von der Küste auf die Klippen gerieth. Anfänglich schien eine unmittelbare Gefahr nicht vorzuliegen, da die See ganz ruhig war und wurden zu dieser Zeit noch keine Anstalten zum Verlassen des Schiffes getroffen. Nach nicht langer Zeit erhob sich aber ein Unwetter. Auf Anrathen der inzwischen von dem nahen Fischerdorf Petty-Harbour herbeigeströmten Fischerbevölkerung, welche ihm zuriefen, dass die Lage des Schiffes eine gefährdete sei, ertheilte der Schiffer jetzt den Befehl zum Aussetzen der Böte. Ehe es aber noch möglich war, das kleine Boot, welches in dem grossen Boot auf der Grossluke stand, zu Wasser zu bringen, drang die See bereits mit solcher Gewalt auf das Schiff ein, dass dasselbe schwer auf den Klippen durchstiess und nun zunächst vorne wegsank und sehr rasch darauf nach luvwärts platt auf die Seite geworfen wurde. Dasselbe ging dann rasch in Trümmer. Die Besatzung, welche sich auf die Seite des Schiffes geflüchtet hatte, wurde einer nach dem andern von den überbrechenden Seen fortgewaschen. Obwohl die Brandung alle gegen das felsige Ufer schleuderte, von dem das Wrack beim Zertrümmern nur noch etwa 150 Fuss entfernt war, gelang es den am Ufer zur Rettung bereitstehenden Fischern doch nur den Steuermann und zwei Matrosen mit Hülfe von den Schiffbrüchigen aufgegriffener Taue ans Trockene zu ziehen, während die übrigen Leute, darunter der Schiffer, ihren Tod in den Wellen fanden. Von der aus dem Schiffe austreibenden Ladung und vom Inventar wurde in den nächsten Tagen ein Teil durch die Fischerbevölkerung geborgen; auch wurden die Leichen von drei der Ertrunkenen, darunter die des Schiffers, später ans Ufer gezogen und auf dem protestantischen Kirchhofe in St. Johns begraben. Der in St. Johns residirende deutsche Consul kam selbst auf die Nachricht von der Strandung an die Unglücksstelle und trug für bestmögliche Ordnung der Havarieangelegenheit, Bestattung der Verunglückten und Ueberführung der Geretteten nach St. Johns Sorge. Dieselben waren zunächst von ihren Lebensrettern, den Bewohnern von Petty-Harbour, in menschenfreundlicher Weise aufgenommen und mit Nahrung, Kleidung und Obdach versehen worden.

Nach dem vorstehenden Beweisergebniss stellt sich der Untergang des Schiffes und das beklagenswerthe Schicksal eines Theiles der Besatzung als eine Folge unglücklicher, von menschlichem Einfluss unabhängiger Ereignisse dar, ohne dass ein genügender Grund ersichtlich wäre, dem damaligen Schiffer Büttner, welcher selbst mit dem Schiff seinen Untergang gefunden hat, ein Verschulden an dem Unfall oder dessen Folgen beizumessen. Die eigentliche Ursache des Unfalles ist in dem unglücklichen Zusammentreffen der beiden Umstände zu erblicken, einmal, dass das Schiff in ein ausgedehntes Feld von Schlammeis gerieth, und ferner, dass der Wind bei der Annäherung von Cap Spear unstät und umlaufend wurde und, da er zeitweilig contrair wehte beziehungsweise gänzlich abflaute, das Schiff zu einem willenlosen Opfer der an der Küste setzenden Strömungen und der Verschiebungen im Eise machte.

Ob vielleicht ein früheres Aussetzen der Böte zur Rettung der Mannschaft hätte beitragen können, muss dahin gestellt bleiben. Wenn auch der Vermuthung Raum gegeben ist, dass Schiffer Büttner die gefährliche Position seines Schiffes nicht rechtzeitig in vollem Masse erkannt hat, so war doch andererseits wiederum zu erwägen, dass die Lage des Schiffes nach der Strandung anfänglich eine gefahrdrohende nicht zu sein schien, und dass also dem Schiffer ein Verlassen des Schiffes zu dieser Zeit noch nicht durch zwingende Umstände gerechtfertigt erscheinen konnte, dass aber dann der verhängnissvolle Wechsel in Wetter und Seegang so plötzlich hereinbrach, dass man sich, auch wenn die Böte schon vorher zu Wasser gebracht wären, vermuthlich doch nicht mehr rechtzeitig in dieselben hätte flüchten können, vielmehr deren Zerschellen in der heftigen Brandung und an der felsigen Küste hätte befürchten müssen.

Der Spruch des Seeamts hatte nach diesen Erwägungen folgendermassen zu lauten:

> Die Beweisaufnahme rechtfertigt die Annahme, dass der Untergang der Schoonerbrigg »Lisette« und der damit verbunden gewesene Tod des Schiffers Büttner und von drei Leuten der Mannschaft lediglich durch höhere Gewalt verursacht wurde.

156. Spruch des Seeamts zu Emden vom 18. März 1882, betreffend den Seeunfall der Kuff „Gertrude“ von Papenburg.

Fahrzeug nach Verlust beider Anker und wegen starken Leckens auf den Strand der Insel Rottum gesetzt und wrack geworden.

Der Spruch des Seeamts lautet:

Der Unfall der Kuff »Gertrude«, Unterscheidungssignal KBJH, von Papenburg, ist auf das Alter des Schiffes und seine Ausrüstung zurückzuführen, dem Schiffer Henken jedoch die Befugniss zur ferneren Ausübung des Schiffergewerbes zu belassen.

Entscheidungsgründe. 1. Die zu Papenburg heimathberechtigt gewesene, am 30. Januar 1882 auf der Insel Rottum gestrandete Kuff »Gertrude« war im Jahre 1849 gebaut, zu 179,6 cbm = 63,41 britischen Register-Tons Netto-Raumgehalt vermessen und bei verschiedenen Assecuranz-Gesellschaften für im ganzen 5 000 ℳ. versichert. Ausweislich der betreffenden Schiffsregisteracten stand die Kuff im Alleineigenthume ihres Führers, des Schiffers Bernhard Henken zu Papenburg, der das Schiff vor etwa 6 Jahren erworben hatte, war bis zum Jahre 1879 oder 1880 beim Germanischen Lloyd zu Classe B eingeschrieben, seit der Zeit aber nicht mehr classificirt und sind damals auch, wie der Schiffer angiebt, Anträge auf anderweitige Classificirung überhaupt nicht gestellt worden. Ebensowenig haben in den letzteren Jahren erheblichere Reparaturen des Schiffes stattgehabt, die an demselben vorgenommenen Arbeiten sind vielmehr nur geringfügig gewesen, so namentlich sowohl diejenigen, welche im Frühjahre 1881 auf der Beckmannschen Werft zu Papenburg ausgeführt wurden und einen Kostenaufwand von 60 bis 70 ℳ. verursachten, als auch diejenigen, mit welchen ausweislich des Schiffsjournals am 22. August 1881 — also während der Dauer eines einzigen Tages — anderweit zwei Arbeiter der Beckmannschen Werft beschäftigt gewesen sind.

2. Mitte November 1881 hatte die »Gertrude« zu Frederiksvörn eine nach Papenburg bestimmte Ladung Quadrathölzer, im ganzen 2 128 Stück, von welchen 239 Stück als Deckslast verstaut waren, eingenommen, musste dann aber wegen widriger Winde bis zum 1. December 1881 auf der Rhede von Frederiksvörn liegen bleiben und sah sich auch der Schiffer am 16. December wegen

schlechten Wetters genöthigt, den Hafen von Rasvaag anzulaufen. Er blieb dort nach Inhalt des Journals bis zum 19. Januar 1882 liegen und war während dieser Zeit am 6. Januar die »Gertrude«, nachdem die Steuerbordkette gebrochen und ein Stück derselben von etwa 2 Faden Länge verloren gegangen war, gegen die Quaimauer angetrieben, ohne jedoch dabei irgendwelche Beschädigungen erlitten zu haben.

3. Nachdem am 19. Januar die Reise wieder aufgenommen war, begann die »Gertrude« in der Nacht vom 28./29. Januar während eines heftigen Sturmes aussergewöhnlich viel Wasser zu machen, gelangte übrigens am Abend des 29. Januar in Sicht des Feuers von Borkum und erhielt am folgenden Morgen etwa um 8 Uhr einen Lootsen von dem Emdener Lootsschooner »Borkum«, welcher sie in die Ems einbringen sollte. Es wehte damals eine steife Brise aus OzS bei hohem Seegange aus Norden, so dass das Anbordkommen des Lootsen, dessen eigener Angabe zufolge, nicht ohne Gefahr war und sah sich letzterer Morgens um 10 Uhr des contrairen Windes halber bei ablaufendem Wasser genöthigt, mit der »Gertrude« zu Anker zu gehen.

4. Die »Gertrude« war nach Aussage des Lootsen und der Schiffsbesatzung damals so leck, dass die Pumpen fortwährend im Gang gehalten werden mussten, soll sich indessen nach Angabe des Schiffers Henken nicht blos beim Antritt der letzten Reise von Frederiksvörn, sondern auch bei Fortsetzung derselben von Rasvaag aus in gutem und dichten Zustande befunden haben. Mit dieser Angabe steht nun freilich weder die Aussage des Steuermanns Roscamp, der in der Zeit vom 23. August bis 6. October 1881 während der Reise von Papenburg nach Arendal und zurück sich am Bord der »Gertrude« befand, noch auch diejenige des Matrosen Depra, der seit März 1881 auf derselben gefahren hatte, im Einklange, indem ersterer sich dahin äussert, dass während seiner Dienstzeit etwa alle halbe Stunde die Pumpen angesetzt und mit etwa 20 bis 30 Schlägen lenz gewesen seien; der letztere, dass während seiner Wachen stets ein wenig gepumpt sei; günstiger lauten dagegen wieder die Aussagen des letzten Steuermanns der »Gertrude«, Wilhelm Koop, und des Kochs Meerjanssen, von welchen dieser vor dem in der Nacht vom 28./29. Januar eingetretenen Leck ein auffälliges Wassermachen der »Gertrude« niemals bemerkt und jener dasselbe wenigstens nicht für bedenklich erachtet haben will.

5. Die Ketten der »Gertrude« sind, wie der Schiffer Henken auf desfallsiges Befragen eingeräumt hat, so lange er selbst Eigenthümer des Schiffes gewesen ist, niemals probirt. Als die »Gertrude« nun am 30. Januar 1882 etwa eine Stunde auf dem vom Lootsen ausgewählten Ankerplatze vor ihrem Backbordanker mit 30 Faden Kette gelegen hatte, brach die letztere und wurde darauf der Steuerbordanker gleichfalls mit 30 Faden Kette fallen gelassen. Vor diesem blieb die »Gertrude« bis 2 Uhr Nachmittags liegen; als dann jedoch bei wieder aufkommender Fluth der gewählte Ankerplatz nicht mehr sicher erschien und deshalb der Anker eingehievt werden sollte, brach zunächst das Spill, da, wie der Steuermann Koop angiebt, die Bolzen des Pallpfostens verrostet waren, sowie gleich darauf die Steuerbordkette und ging damit auch der zweite Anker verloren.

6. Was die sonstige Ausrüstung des Schiffes anbetrifft, so will der Lootse sofort beim Anbordkommen bemerkt haben, dass die ganze Takelage in schlechtem Zustande gewesen sei und hat sich der Steuermann Roscamp dahin geäussert, dass die Wanten zur Zeit der von ihm mit der »Gertrude« gemachten Reise bis zu $^1/_3$ oder $^1/_2$ abgenutzt, das sonstige stehende Gut aber noch von geringerer Güte und namentlich Stage und Pardunen schon zum Theil mit Bürgen versehen gewesen seien.

7. Nach dem Bruche der Steuerbordkette wurde vom Lootsen zunächst der Versuch gemacht, die Ems einzukreuzen; dieser Versuch hatte jedoch so wenig Erfolg, dass die »Gertrude« statt vorauszukommen, mehr und mehr verlor, dabei namentlich westlich getrieben wurde und beabsichtigte der Lootse daher, um nicht auf den Strand zu gerathen, nach See zurückzugehen. Diesem Vorhaben trat jedoch der Schiffer mit seinen Schiffsleuten, von denen sowohl der Steuermann als der Koch erkrankt und daher nicht völlig dienstfähig waren, nach vorgängig abgehaltenem Schiffsrathe entgegen. Der Schiffer verlangte, dass das Schiff, um die Ladung und das Leben der Besatzung zu retten, auf Strand gesetzt werde und wurde alsdann diesem Verlangen von dem Lootsen, der seinerseits bei dem Zustande der »Gertrude« die Rückkehr nach See gleichfalls für gefährlich erachtete, auch seiner Angabe zufolge auf eine Assistenz seitens des bereits längst wieder aus Sicht gegangenen Lootsschooners Borkum nicht rechnen konnte, nachgegeben. Er liess daher die Nothflagge aufsetzen und hielt auf die Insel Rottum ab, wo die »Gertrude« nach Verlauf von etwa einer Stunde auflief und

von der Besatzung mit dem eigenen Boote verlassen wurde. Am folgenden Morgen kehrte darauf die Besatzung zu ihrem Schiffe zurück, wo sich inzwischen in Folge der noch stehenden Nothflagge das Rettungsboot von Borkum eingefunden hatte, und ist demnächst ein Theil des Inventars, sowie etwa 3/4 der Ladung geborgen, das Schiff selbst aber nach und nach auseinandergeschlagen und vollständig wrack geworden.

8. Allem Vorstehenden nach kann es einem Zweifel nicht unterliegen, dass die »Gertrude«, als am 30. Januar der Entschluss gefasst wurde, auf den Strand zu setzen, sich nicht mehr in einem seefähigen Zustande befunden habe und fehlt es daher an Veranlassung, jenen Entschluss und das Verhalten des am Bord befindlichen Lootsen zu bemängeln. Wann dieser Zustand der Seeunfähigkeit der »Gertrude« eingetreten bezw. für den Schiffer Henken erkennbar geworden sei, so dass derselbe in Gemässheit des Artikels 481 des Handelsgesetzbuches dafür verantwortlich gemacht werden könnte, ist indessen durch die Verhandlung nicht festgestellt. Freilich ist anzuerkennen, dass, wenn die Ursache des in Frage stehenden Unfalles darin befunden werden musste, dass die »Gertrude« und deren ganze Ausrüstung ihres hohen Alters wegen für das schwere Wetter des Herbstes und des Winters nicht mehr genügend widerstandsfähig waren, dieser die mangelnde Widerstandsfähigkeit bedingende Grund nicht blos schon vor dem Antritt der Reise von Frederiksvörn bezw. deren Fortsetzung von Rasvaag aus vorlag, sondern auch gerade dem Schiffer in erster Stelle bekannt sein musste. Zweifelhaft aber ist geblieben, ob die erwähnte Folge desselben bereits in den erwähnten Hafenplätzen in einer solchen Weise hervorgetreten sei, dass sie dem Schiffer bei pflichtmässiger Aufmerksamkeit nicht hätte entgehen können. In dieser Beziehung hat nämlich einestheils der Steuermann Roscamp angegeben, dass er seinerseits die Seetüchtigkeit der »Gertrude« für die von derselben ausgeführten Reisen nach Norwegen niemals bezweifelt, daher auch im October 1881 seine seitherige Stellung nur aus dem Grunde aufgegeben habe, weil er eines Bruches wegen zu den schwereren Schiffsarbeiten der Herbst- und Winterzeit nicht im Stande sei, andererntheils auch der mit einem Schifferzeugnisse für grosse Fahrt versehene Steuermann Koop sich dahin geäussert, dass er seinerseits bei der letzten Reise der »Gertrude« keine Bedenken gehabt habe, vielmehr als Schiffer dieselbe gleichfalls unternommen haben würde, und war denn unter solchen Umständen auch dem An-

trage des Reichscommissars, dem Schiffer Henken wegen mangelnder Seetüchtigkeit der »Gertrude« die Befugniss zur ferneren Ausübung des Schiffergewerbes zu entziehen, nicht stattzugeben.

157. Spruch des Seeamts zu Flensburg vom 27. December 1881 und Entscheidung des Kaiserlichen Ober-Seeamts vom 21. März 1882, betreffend den Seeunfall der Schnigge „Bona fide“ von Rendsburg.

Fahrzeug auf dem Pöhls-Riff (Südküste der Insel Alsen) gestrandet und wrack geworden.

Der Spruch des Seeamts lautet:

1. dass der Schiffer den Unfall dadurch verschuldet hat, dass er, als er am 1. December 1881 Nachmittags 3¾ Uhr die Südküste von Alsen bemerkte, seinen Curs beibehalten, anstatt zu halsen und das Schiff nach Osten umzulegen,
2. dass dem Schiffer die Befugniss zur Ausübung des Schiffergewerbes nicht zu entziehen sei.

Gründe. Der Schiffer Jürgen Nühs aus Westermühlen, einem kleinen ¾ Meilen nördlich der Eider im Kreise Schleswig belegenen Dorfe, betreibt, ohne im Besitz eines Befähigungszeugnisses zu sein, die Küstenschiffahrt. Er befand sich mit seinem Fahrzeuge, der Schnigge »Bona fide«, Unterscheidungssignal LQCN, Heimathshafen Rendsburg, am 1. December 1881 Nachmittags 3¾ Uhr auf der Reise von Faxö nach Flensburg mit südöstlichem Winde im Curse SSW so nahe an der Ostküste der Insel Alsen, dass er die Südspitze erkennen konnte. Er behielt gleichwohl seinen Curs bei. Dieser führte das Fahrzeug eine viertel Stunde später über das von der Südspitze auslaufende Pöhls-Riff. Das Schiff glitt allerdings über das Riff hinüber, stiess aber dabei einmal auf den Grund. In Folge dessen leck geworden, musste es eine Stunde später, als es dem Versinken nahe war, unterhalb des Dorfes Osterbye an der Südseite der Insel Alsen auf den Strand gesetzt werden. Das Boot wurde, als es ins Wasser geschoben werden sollte, von einer Sturzsee weggespült. Der Schiffer und sein Matrose retteten sich zunächst vor der nunmehr über das Schiff wegbrechenden Brandung auf die heruntergelassene Gaffel und läuteten sodann mit einer am Maste befindlichen Glocke so lange, bis man am Lande auf sie aufmerksam wurde. Um 6 Uhr kamen Leute in einem Fischerboot an das Schiff heran, nahmen die Besatzung auf und brachten sie glücklich ans Land.

Versuche in den folgenden Tagen das Fahrzeug mit Hülfe vom Lande wieder abzubringen, misslangen. Ein von Flensburg requirirter Dampfer konnte überall nicht zur Verwendung kommen, weil die vor dem gestrandeten Schiffe liegenden Aussengründe ihn hinderten, sich demselben zu nähern.

Die aus 7 Faden Kalksteinen bestehende Ladung ist total verloren gegangen. Von dem Inventar ist ausser Mast und Stag alles geborgen — und in einer öffentlichen Auction für 339 *M.* verkauft worden. Das Schiff ist in der Folge auseinander geschlagen, das Wrack wurde für 60 *M.* verkauft. Die »Bona fide« war in der Tönninger Gilde »Hoffnung« für 3333 *M.* versichert; ihr Tiefgang betrug ungefähr 6 Fuss.

Die Luft war, als das Fahrzeug bei der Insel Alsen anlangte, diesig und regnerisch. Der Schiffer erklärt, dass er mit dem Fahrwasser und namentlich auch mit dem unterhalb der Südspitze Alsens belegenen Pöhls-Riff wohl bekannt sei. Er will geglaubt haben, dass er mit seinem Curse um das Riff hätte herumkommen können und entschuldigt sich damit, dass er die Bojen, welche am Riff liegen, des dunklen Wetters wegen nicht habe sehen können. Er giebt zu, dass er, als er zuerst die Südspitze von Alsen erblickte, halsen konnte; verneint aber, dass er über Stag hätte gehen können, weil sein Schiff bei so hohem Seegange, wie er dermalen stattfand, nicht durch den Wind zu bringen sei. Erst als er dicht vor dem Riff angelangt war, will er an der Farbe und Bewegung des Wassers wahrgenommen haben, dass er Brandung vor sich habe. Abseiten des Reichscommissars ist der Antrag gestellt worden, dass dem Schiffer die Befugniss zur Ausübung des Schiffergewerbes entzogen werde.

Als der Schiffer um $3^3/_4$ Uhr Nachmittags die Südspitze der Insel Alsen erblickte, konnte er sich bei einigem Nachdenken sagen, dass er unter Beibehaltung seines Curses aller Wahrscheinlichkeit nach von dem sich ungefähr eine Seemeile weit ins Meer erstreckenden Riff nicht freigehen könnte. Er machte sich deshalb eines groben Versehens schuldig, als er seinen Curs beibehielt anstatt zu halsen, um auf diese Weise sicher von dem Riff fern zu bleiben. Dass er die am Riff ausgelegten Seezeichen nicht bemerkte, kann ihm nicht zur Entschuldigung dienen, weil er bei seiner Bekanntschaft mit dem Fahrwasser ohnehin wissen musste, dass die Gefahr, über das Riff zu segeln, nicht vermieden werden könne, wenn er den Curs beibehielt. Er wird vermuthlich angenommen haben, dass im schlimmsten Falle sein nur ungefähr 6 Fuss tief gehendes Schiff über das Riff wegkomme, ohne auf den Grund zu stossen.

Hiernach erscheint es unbedenklich, auszusprechen, dass der Schiffer durch sein Verhalten den Unfall verschuldet hat.

Dem Schiffer war jedoch die Befugniss zur Ausübung des Schiffergewerbes nicht zu entziehen und zwar zunächst deshalb nicht, weil der §. 26 des Gesetzes, betreffend die Untersuchung von Seeunfällen nach dem Erachten des Seeamts nur Anwendung findet auf solche Seeschiffer, welche sich nach §. 31 der Gewerbeordnung über den Besitz der erforderlichen Kenntnisse durch ein Befähigungszeugniss der zuständigen Verwaltungsbehörde ausweisen müssen und zu diesen der lediglich Küstenschiffahrt treibende Schiffer Nühs nicht gehört. Abgesehen hiervon hat aber auch der Schiffer Nühs durch den von ihm begangenen Fehler noch keineswegs gezeigt, dass es ihm im allgemeinen an denjenigen Eigenschaften mangelt, welche zum Betriebe der Küstenschiffahrt erforderlich sind.

Die Entscheidung des Ober-Seeamts lautet:

dass der Spruch des Königlich preussischen Seeamts zu Flensburg vom 27. December 1881 zu bestätigen und die baaren Auslagen des Verfahrens ausser Ansatz zu lassen.

Gründe.

Das Seeamt hat seinen Spruch damit begründet:

1. Dass der §. 26 des Gesetzes, betreffend die Untersuchung von Seeunfällen, vom 27. Juli 1877 nur Anwendung zu finden habe auf solche Seeschiffer, welche sich nach §. 31 der Gewerbeordnung über den Besitz der erforderlichen Kenntnisse durch ein Befähigungszeugniss der zuständigen Verwaltungsbehörde ausweisen müssen, und dass zu diesen der lediglich Küstenschiffahrt betreibende Schiffer Nühs nicht gehöre,

2. Dass der Schiffer Nühs durch den von ihm begangenen Fehler noch keineswegs gezeigt habe, dass es ihm im allgemeinen an denjenigen Eigenschaften mangele, welche zum Betriebe der Küstenschiffahrt erforderlich sind.

Die gegen den ersten Theil dieser Begründung gerichteten Ausführungen der Beschwerde des Reichscommissars sind als zutreffend anzuerkennen, da ein Unterschied zwischen Küstenschiffahrt und sonstiger Seeschiffahrt in Bezug auf die Untersuchung von Seeunfällen nicht besteht. Nach §. 26 des Reichsgesetzes vom 27. Juli 1877 kann die Gewerbebefugniss einem Schiffer entzogen werden, wenn sich dieselbe auf §. 31 der Gewerbeordnung gründet. Dass auf diesem §. 31 auch die Gewerbebefugniss der Küstenschiffer beruht, ergiebt sich aus der Bekanntmachung, betreffend die Prüfung der Seeschiffer und Seesteuerleute, vom 25. September 1869, welche im §. 4 kraft der durch §. 31 der Gewerbeordnung dem Bundesrath ertheilten Ermächtigung den Küstenschiffern den sonst erforderlichen Befähigungsnachweis erlassen hat. Es ist deshalb zulässig, einem Küstenschiffer, wenn er einen Seeunfall verschuldet hat, die Befugniss zur Ausübung seines Gewerbes zu entziehen.

Dagegen ist der Begründung des Seeamts zu 2 beizutreten. Es kann zwar nicht bezweifelt werden, dass der Schiffer Nühs, indem er versuchte, das Poels-Riff zu passiren, anstatt bei Zeiten zu halsen und von der Küste bezw. dem Riff wieder abzuliegen, um mehr Luv zu gewinnen, eine sehr geringe Umsicht bei der Navigirung seines Fahrzeuges gezeigt hat; denn hätte er rechtzeitig mit Aufmerksamkeit die Karte geprüft und die gesteuerten Curse SSW und SWzS unter Zurechnung der Abtrift, welche bei seinem flachbodigen Fahrzeug nicht unbeträchtlich sein konnte, in die Karte eingetragen, so würde er sich lange, bevor er an das Riff herankam, haben sagen müssen, dass eine grosse Wahrscheinlichkeit, unter diesen Umständen noch luvwärts an dem Riffe vorbeizukommen, nicht vorhanden war, und dass er viel wagte, wenn er bei der herrschenden dicken Luft mit jenen Cursen weitersegelte; als erfahrener Schiffer musste er auch darauf rechnen, dass dort bei starkem Winde gewöhnlich eine in gleicher Richtung setzende Strömung aufkommt, welche die Aussicht, genügend weit südlich von dem Riffe zu passiren, noch vermindert. Anstatt solcher rechtzeitigen Prüfung und Erwägung schickte er den Bestmann erst in die Cajüte, um die Karte auf den Tisch zu legen, als er die Küste der Insel Alsen plötzlich in Sicht bekam, was bei dem dicken Wetter nur auf kurze Entfernung der Fall sein konnte, wie denn auch das Fahrzeug bereits auf das Riff aufstiess, bevor er die Karte hatte einsehen können.

Daraus, dass der Schiffer nicht sofort gehalst hat, als er die Südspitze Alsens in Sicht bekam, ist ihm in geringerem Masse ein

Vorwurf zu machen, einmal, weil er durch das Halsen nach Lee kam und wegen der Nähe des Riffs, welche er aus dem Sichten Alsens in jedem Falle zu folgern berechtigt war, durchaus keinen Luvraum verlieren durfte, sodann, weil er beim Sichten Alsens noch hoffen konnte — sofern er eben keinen Luvraum mehr verlor — noch luvwärts des Riffes oder schlimmsten Falls über die tieferen Stellen desselben, welche 4 bis 5 Meter unter Wasser liegen, ungefährdet hinüberzukommen; diese Hoffnung war berechtigt, wenn er sich noch eine volle Seemeile von der Küste ab befand; sie war dies nicht mehr, wenn der Abstand eine halbe Seemeile betrug. Eine Verschätzung in der Entfernung der Küste um eine halbe Seemeile erscheint aber einigermassen entschuldbar, wobei in Betracht zu ziehen ist, dass wegen gleichmässiger Wassertiefe in dieser Gegend ein Lothwurf zur Bestimmung der Entfernung vom Lande nichts genutzt hätte, also auch nicht zu fordern war.

Der Schiffer Nühs hat sich somit einer tadelnswerthen Sorglosigkeit bei der Navigirung und eines Irrthums bei der Schätzung der Entfernung des Landes schuldig gemacht, welche Fehler zum Verluste seines Fahrzeuges geführt haben. Wenn nichts desto weniger der Spruch des Seeamts bestätigt wird, so geschieht dies, weil der Umstand, dass der Schiffer bereits seit 9 Jahren als solcher in dieser Gegend fährt, ohne dass ihm Unfälle zugestossen sind, dafür spricht, dass es ihm nicht im allgemeinen an der Befähigung zur Führung eines Küstenfahrzeuges fehlt, dass vielmehr der begangene Fehler dadurch entstanden ist, dass der Schiffer Nühs bisher stets mit Glück gefahren hat und im Vertrauen hierauf und auf seine Lokalkenntniss der Gewässer nur in diesem einen Falle es an der sonst gewohnten Sorgsamkeit hat mangeln lassen.

Die baaren Auslagen des Verfahrens bleiben ausser Ansatz, weil die Beschwerde vom Reichscommissar eingelegt ist.

158. Spruch des Seeamts zu Stettin vom 7. Januar 1882 und Entscheidung des Kaiserlichen Ober-Seeamts vom 11. April 1882, betreffend den Seeunfall der Bark „Arcturus“ von Rügenwalde.

Der Spruch des Seeamts lautet:

dass das Scheitern der Bark »Arcturus«, Unterscheidungssignal JDFC, am 13. October 1881 vor dem Hafen von Stromness (Orkney-Inseln) dadurch verursacht worden ist, dass das Schiff in Folge der harten Stürme, die es durchzumachen gehabt, leck gesprungen war und durch das viele eingenommene Wasser unlenkbar geworden, auf Felsen stiess.

Gründe. Die Bark »Arcturus« ist im Jahre 1858 in England von Eichenholz nach Kravelart erbaut, hatte ein Deck, drei Masten und war mit einer Kupferhaut versehen. Das Schiff führte früher die britische Flagge und den Namen »General Havelock«, im Jahre 1870 erhielt es seinen jetzigen Namen und die deutsche Flagge. Es befand sich im Eigenthum vieler Personen, darunter des Schiffers Brandhoff, seines Führers, mit $^{2}/_{62}$ Parten. Es hatte einen Netto-Raumgehalt von 1508,4 cbm oder 532,47 britischen Register-Tons, ist zuletzt im März 1881 in Danzig gut verzimmert, der Boden nachgesehen und calfatert und dann für seine Classe A von dem Germanischen Lloyd bis zum April 1882 gut befunden worden. Am 15. August 1881 segelte es mit einer aus Dielen und Brettern bestehenden, nach Liverpool bestimmten Ladung und einer einschliesslich des Schiffers D. H. Brandhoff und des Steuermanns J. Grönwald (beide im Besitz von Befähigungszeugnissen) aus 14 Personen bestehenden Besatzung in gutem, seetüchtigen Zustande von Onega ab. Die Ladung, britisches Eigenthum, war in London, von dem Schiff nur $^{3}/_{64}$ Parten mit 1800 ℳ. versichert.

Am 2. September passirte das Schiff bei fortwährend contrairem Winde von SSW und West das Nordkap und bekam am 25. September, während der Wind stark aus SW und SSW wehte, die Faroer-Inseln in Sicht. Am 11. October machte es einen Sturm aus NW durch, in welchem es beigedreht lag, aber so schwer arbeitete und sich dehnte, dass es einen Leck sprang und in wenigen Stunden, obgleich die Pumpen beständig in Gang gehalten wurden, viel Wasser machte. Die Ladung im Raum wurde lose, stiess die Cajüte ein, diese füllte sich mit Wasser und letzteres beschädigte allen Proviant und vernichtete das Journal und die übrigen Schiffspapiere. In der Nacht des 12. October bei unverändert anhaltendem Sturme kam die grösste der Orkney-Inseln in Sicht. Das Schiff hatte grosse Schwierigkeit, sich von der Küste frei zu halten, weil es in Folge des vielen in ihm befindlichen Wassers nicht mehr steuern wollte. Als es am 13. October Morgens auf Hoy-Sound zusegelte, kam es auf die Felsen von Braya, wo es stiess, den Grossmast verlor und das Heck weggerissen wurde. Nachdem es über die Felsen getrieben war, wurde es unter der Fock und dem Vorstengestagsegel gehalten, da alle anderen Segel fortgeweht waren; aber es konnte nicht den in der Nähe befindlichen Felsen von Helzier freisegeln, an welchen es durch eine schwere See geworfen wurde. Der Boden des Schiffes trennte sich von dem oberen Theil. Durch die so entstandene Oeffnung wurde ein grosser Theil der Ladung hinausgewaschen und ostwärts durch den Hoy-Sound getrieben. Auf diese Weise erleichtert, wurde dann das Schiff über den Felsen in tieferes Wasser getrieben, blieb aber immer noch an Grund. Die Vorstenge wurde weggerissen, der Fockmast brach aus der Spur und hing über die Seite. Es war jetzt für die Besatzung zur Sicherung ihres Lebens geboten, das Schiff zu verlassen. Schon am Tage vorher waren alle Leute mit Korkwesten versehen. Die Besatzung bestieg zunächst das Schiffsboot und versuchte in diesem die Küste zu erreichen; dasselbe kenterte jedoch in der Brandung etwa 100 bis 150 Schritte vom Strande entfernt und die Personen der Schiffsbesatzung trieben, nur durch die Korkwesten oben gehalten, im Wasser. An Schwimmen war nicht zu denken, sie wurden jedoch sämmtlich vom Strande aus durch Zuwerfen von Leinen gerettet. Das Schiff zerschellte vollständig und sind später nur einzelne Stücke von ihm an den Strand getrieben. Von der Ladung wurde etwa $1/3$ geborgen.

Diese auf dem Inhalt der Verklarungsverhandlung und der zeugeneidlich vor Gericht abgegebenen im heutigen Termin verlesenen Auslassungen des Schiffers und Steuermanns beruhende thatsächliche Feststellung lässt die Ursachen des Seeunfalles zur genüge erkennen und hat nach Ansicht des Seeamts um so weniger Bedenken, als es dem Schiffer und Steuermann an jedem Motiv zu falschen Angaben gefehlt hat, da der Ort der Strandung ein viel zu gefährlicher ist, um freiwillig gewählt zu werden, auch das Schiff so gut wie unversichert war.

Das Seeamt glaubte deshalb auf das Verlangen des Reichscommissars, die heutige Verhandlung auszusetzen und zu einem neuen Termin Schiffer und Steuermann in Person vorzuladen, nicht eingehen zu dürfen, besonders, da eine thatsächliche Motivirung dieses Antrages nicht erfolgte. Denn gesetzlich nothwendig ist das Erscheinen von Schiffer und Steuermann in dem Verhandlungstermin vor dem Seeamt nicht, wie sich schon daraus ergiebt, dass der Spruch auch in ihrer Abwesenheit gefällt werden kann (cfr. §. 27 des Reichsgesetzes vom 27. Juli 1877), ja nicht einmal ihre Vorladung ist geboten, diese hat aber im vorliegenden Falle, wenn auch mit der Massgabe stattgefunden, dass die Wahrnehmung des Termins auf ihre Kosten geschehe. Dieses Präjudiz erschien gesetzlich statthaft, weil das Erscheinen der genannten Personen als Zeugen nach Lage der Sache nicht nothwendig war, sie durch Wahrnehmung des Termins also unter Umständen nur eigene Interessen vertreten. Die Regel wird schon nach dem ganzen Inhalte und Zwecke des Reichsgesetzes vom 27. Juli 1877 die Vorladung von Schiffer bezw. Steuermann und Maschinist zu dem Verhandlungstermin bilden, aber Ausnahmen, welche ihre Begründung in der concreten Sachlage haben, werden zuzulassen sein und hier lag diese Begründung in der Einfachheit der Sache, in der vorliegenden zeugeneidlichen Aussage von Schiffer und Steuermann, in der grossen Entfernung ihres Wohnortes und in der Zulässigkeit einer nicht unerheblichen Kostenersparung, endlich in dem Umstande, dass Anträge auf Concessionsentziehung gegen die Genannten nicht zu erwarten waren und auch wirklich nicht gestellt sind.

Die Entscheidung des Ober-Seeamts lautet:

dass die Beschwerde als unzulässig zurückzuweisen und die baaren Auslagen des Verfahrens ausser Ansatz zu lassen.

Gründe.

Das Seeamt hat von der von ihm auf den 7. Januar 1882 anberaumten Hauptverhandlung erster Instanz am 30. December 1881 dem Reichscommissar, sowie dem Schiffer und dem Steuermann des »Arcturus« Nachricht gegeben, dabei jedoch den letzteren beiden Personen anheimgestellt, den Termin auf ihre Kosten wahrzunehmen. In Folge dessen sind beide zur Hauptverhandlung nicht erschienen; auch sonst war zu derselben von der Besatzung des »Arcturus« Niemand geladen. In Folge dessen hat der Reichscommissar am 7. Januar 1882 vor dem Seeamt in Ermangelung der Anwesenheit von Schiffer und Steuermann gegen jede weitere Verhandlung protestirt; das Seeamt hat jedoch die letztere fortgesetzt und lediglich auf Grund der bei seinen Acten befindlichen Vorverhandlungen einen Spruch über die Ursachen des Seeunfalls abgegeben.

Gegen dies Verfahren richtet sich die Beschwerde.

Dasselbe entspricht allerdings den Bestimmungen des Reichsgesetzes vom 27. Juli 1877 nicht. Nach §. 21 des letzteren soll das Verfahren vor dem Seeamt mündlich sein; eine mündliche

Verhandlung ist aber nur dadurch zu ermöglichen, dass mindestens einer von den betheiligten Angehörigen der Besatzung des verunglückten Schiffes zum Hauptverfahren geladen wird. Wenn das Seeamt in den Gründen des Spruchs zur Rechtfertigung der unterbliebenen Ladung des Schiffers und des Steuermanns auf die grosse Entfernung ihres Wohnorts von seinem Sitze hinweist, so kann diese Anführung schon deshalb nicht für zutreffend erachtet werden, weil der Schiffer in Rügenwalde, der Steuermann in Rügenwaldermünde wohnt und am 7. Januar 1882 sich dort aufgehalten hat, beide Orte aber im Bezirk des Seeamts zu Stettin liegen. Das Gesetz, betreffend die Rechtsverhältnisse der Reichsbeamten, vom 31. März 1873 enthält im §. 107 die Bestimmung:

> Als grosse Entfernung im Sinne dieses Gesetzes ist es nicht anzusehen, wenn der Zeuge sich im Bezirk der entscheidenden Disziplinarkammer aufhält. Derselbe Grundsatz muss für das Verfahren vor den Seeämtern massgebend sein, wenn das Princip der Mündlichkeit der Verhandlung gewahrt werden soll.

Das Seeamt zu Stettin hätte mithin dem Protest des Reichscommissars Folge geben, einen neuen Termin zur Hauptverhandlung anberaumen und dazu den Schiffer und den Steuermann laden sollen.

Gleichwohl kann der Spruch vom 7. Januar 1882 mit Erfolg nicht angefochten werden. Nach dem Reichsgesetz vom 27. Juli 1877 §. 27 steht dem Reichscommissar das Rechtsmittel der Beschwerde nur dann offen, wenn das Seeamt einem Antrage desselben auf Entziehung der Gewerbebefugniss keine Folge gegeben hat. Die Stellung eines solchen Antrags bildet die unerlässliche Voraussetzung der Beschwerde. Gegen den Schiffer oder den Steuermann des »Arcturus« hat der Reichscommissar diesen Antrag nicht gestellt. Die zweite Instanz ist deshalb nicht befugt, in die Untersuchung des Seeunfalles jenes Schiffes einzutreten; es muss vielmehr die Beschwerde als unzulässig zurückgewiesen werden.

Die baaren Auslagen des Verfahrens bleiben ausser Ansatz, weil die Beschwerde vom Reichscommissar eingelegt ist.

159. Spruch des Seeamts zu Stralsund vom 18. Januar 1882 und Entscheidung des Kaiserlichen Ober-Seeamts vom 12. April 1882, betreffend den Seeunfall der Schoonerbrigg „Otto“ von Barth.

Der Spruch des Seeamts lautet:

dass der Seeunfall, bei welchem die Schoonerbrigg »Otto« am 11. November 1881 Morgens bald nach 1 Uhr bei Klitmöller gestrandet und wrack geworden ist, durch fehlerhafte Navigation des Schiffers Haut verursacht worden ist, dass aber keine Veranlassung vorliegt, dem Schiffer Haut die Befugniss zur Ausübung des Schiffergewerbes zu entziehen.

Gründe:

Die im Jahre 1862 erbaute, zu Barth heimathberechtigte Schoonerbrigg »Otto«, Unterscheidungssignal JLMW, von 468,9 cbm oder 165,52 britischen Register-Tons Netto-Raumgehalt, ist am 11. November 1881 Morgens 1¼ Uhr bei Klitmöller an der Westküste Jütlands gestrandet und völlig wrack geworden. Die Besatzung ist durch ein Rettungsboot gerettet, die Ladung — aus 242 Tons Salz bestehend — ist verloren gegangen und das geborgene Inventar ist in öffentlicher Auction für 2700 Kr. verkauft worden.

Das Schiff war unter Führung des Schiffers für grosse Fahrt Simon Haut von Stralsund auf der Reise von Liverpool nach Reval begriffen. Dasselbe hatte gut ausgerüstet, voll bemannt und dicht am 29. October 1881 Liverpool verlassen und seinen Curs um Schottland herum genommen. Am 5. November um Mitternacht verschwand Ronaldsha-Feuer im NWzW per Compass in der Kimme und wurde der Curs SOzS genommen. Seit dem 7. November herrschten unausgesetzt südwestliche Winde, der Curs war seit dem 8. November meist SO, auch zeitweise SOzS und SOzO. Es war meist bezogene Luft; am 7. November Mittags hat der Schiffer zuletzt die Breite durch Observation auf 58° 36′ festgestellt. Am 10. November Nachmittags 4 Uhr wurden noch 30 Faden, um 8 Uhr 26 bis 27 Faden gelothet. Nach dieser Lothung wurde der bisherige SO½O Curs auf SO verändert. Der wachhabende Steuermann Lemcke, welcher das Befähigungszeugniss als Steuermann auf grosser Fahrt hat, lothete dann um 10 Uhr 15 Faden und veränderte den Curs auf Ost, meldete dies auch dem um 12 Uhr die Wache übernehmenden Schiffer. Eine sofortige Lothung ergab

16 Faden Wassertiefe und befahl der Schiffer nunmehr O½N Curs zu steuern. Bald nach 1 Uhr wurden 10 Faden Wasser gelothet und der Curs auf ONO verändert; bald darauf stiess das Schiff schon auf und obwohl sofort das Commando: »Das Ruder aufzulegen« gegeben wurde, wollte das Schiff nicht abfallen. Wegen des seit 8 Uhr Abends herrschenden dichten Nebels war weder vom Lande noch vom Hanstholm-Feuer irgend etwas zu sehen. Um 3 Uhr Morgens wurden die Flackerfeuer auf dem Schiffe vom Lande aus bemerkt und gleich darauf eine Raketenleine über das Schiff weggeschossen. Dieselbe wurde befestigt und um 4 Uhr nahm das längsseits gekommene Rettungsboot die Besatzung vom Schiffe ab. Der Wasserstand bei den Pumpen war 12½ Zoll.

Am nächsten Morgen um 9 Uhr wurden noch Abschleppungsversuche gemacht, indem ein Warpanker und eine Leine nach See zu ausgebracht wurden, die zunehmende See und der auffrischende, nach WNW umgegangene Wind verhinderten aber weitere Massnahmen, sodass das Schiff preisgegeben werden musste.

Nach diesem, auf Grund des Schiffsjournals, der eidlich von dem Schiffer, dem Steuermann und drei Mann der Besatzung erhärteten Verklarung und in der Verhandlung festgestellten Sachverhalt hat das Seeamt die Ursache des Seeunfalls auf die fehlerhafte Navigation des Schiffers zurückführen müssen. Wenn auch das Seeamt dem von dem Reichscommissar gegen den Schiffer erhobenen Vorwurf, dass er nach Umsegelung der Nordspitze Schottlands seinen Curs zu weit südlich gesetzt habe, nicht hat zustimmen können, da der Schiffer, wenn er seinen Curs anstatt auf die jütische Küste zu auf die norwegische gesetzt hätte, bei den herrschenden südlichen Winden wohl befürchten konnte, zu nördlich zu kommen, so haben doch andere Massnahmen des Schiffers zu schwerwiegenden Bedenken Veranlassung gegeben. Das Besteck des Schiffers war unrichtig, da das Schiff nach demselben zur Zeit der Strandung ungefähr 25 Seemeilen westlich von Klitmöller stehen sollte. Seit dem 7. November ist wegen des bezogenen Wetters keine Observation genommen worden und ist, da somit das Besteck nicht controlirt werden konnte und eine anderweitige Ursache nicht auffindbar ist, anzunehmen, dass das Schiff mehr Distanz zurückgelegt hat, als berechnet und dadurch die Unrichtigkeit des Bestecks zu erklären. Ob seitens des Schiffers oder Steuermanns in der Berechnung Fehler gemacht worden sind, ist nicht festzustellen.

Als Fehler in der Navigation hat das Seeamt dem Schiffer zur Last legen müssen:

1. dass er, als er seinem Besteck nach auf ungefähr 6^0 östlicher Länge sich befand, nicht den Curs nördlicher gesetzt hat, und
2. dass er nicht, als ihm um 12 Uhr vor der Strandung die beträchtliche Abnahme der Wassertiefe bekannt wurde, seinen Curs nordwärts nahm.

Was den ersten Punkt anlangt, so hätte die Vorsicht eine solche Massnahme geboten und wäre dieselbe ebenso ungefährlich, als für den Verlauf der Reise unschädlich gewesen. Es ist eine bekannte Thatsache und ist von erfährenen Schiffern häufig beobachtet worden, dass bei Ansegelung des Skagerracks aus der Nordsee das Schiff sich bereits im Skagerrack befindet, wenn der Schiffer noch in der Nordsee zu sein glaubt; ausserdem geben die Tiefenverhältnisse an der norwegischen Küste dem Schiffer ein sicheres Merkmal über den Stand seines Schiffes; die Annäherung an die jütische Küste musste der Schiffer wegen der im November dort herrschenden Nebel unter allen Umständen vermeiden. Bei dem raumen Winde brauchte der Schiffer nicht ängstlich zu sein, zu weit nach Norden zu kommen, da er mit dem NO Curse unter allen Umständen an Cap Lindesnaes vorbeikam.

Noch schwerwiegender ist der zweite Fehler. Das Besteck wies den Schiffer darauf hin, dass er sich noch westlich von der ütischen Küste befinde, d. h. Hanstholm-Feuerthurm noch nicht passirt habe. Nahm die Wassertiefe bedeutend ab, wie das Loth dies anzeigte, so war der natürliche Schluss für den Schiffer der, dass er sich der jütischen Küste zu sehr genähert habe. Wenn der Schiffer in der mündlichen Verhandlung ausgeführt hat, dass er hieraus geschlossen habe, er befinde sich bereits östlich von Hanstholm, so hat er es an der Begründung dieses Fehlschlusses fehlen lassen, und ist diese Annahme überhaupt bei den beständig innegehaltenen südöstlichen Cursen nicht recht verständlich. Es kann eine solche Behauptung nur als eine verfehlte Entschuldigung des Schiffers für sein fehlerhaftes Verhalten erachtet werden. Der Schiffer Haut musste, nachdem ihm die Abnahme der Wassertiefe bekannt geworden, sofort seinen Curs nordwärts setzen; dies konnte er ohne Gefahr thun, mochte er westwärts oder ostwärts von Hanstholm stehen. Es war dies die einzig richtige und gebotene Massnahme und hätte dieselbe ihn sofort ausser Gefahr des Strandens gebracht.

Das Seeamt hat deswegen erkennen müssen, dass der Schiffer Haut die Strandung seines Schiffes »Otto« verschuldet hat. Wenn das Seeamt von der ihm unter diesen Umständen und beim Vorliegen eines entsprechenden Antrags des Reichscommissars zustehenden Befugniss, dem Schiffer die Ausübung seines Gewerbes zu untersagen, keinen Gebrauch gemacht hat, so hat es erwogen, dass die Lage des Schiffers in Folge der mangelnden Observationen und des dichten Nebels eine schwierige gewesen ist und dass derselbe wenigstens versucht hat, durch Lothungen sich zu orientiren. Im allgemeinen aus dem festgestellten fehlerhaften Verhalten des Schiffers zu schliessen, dass demselben die Eigenschaften mangeln, welche zur Ausübung seines Gewerbes erforderlich sind, hat das Seeamt Bedenken getragen, da hier im wesentlichen doch nur eine falsche Beurtheilung der Situation vorliegt, welche auch dem erfahrensten und vorsichtigsten Schiffer passiren kann. Es ist deswegen dem desfallsigen Antrage des Reichscommissars nicht entsprochen worden.

Die Entscheidung des Ober-Seeamts lautet:

dass der Spruch des Königlich preussischen Seeamts zu Stralsund vom 18. Januar 1882 zu bestätigen und die baaren Auslagen des Verfahrens ausser Ansatz zu lassen.

Gründe. Der Reichscommissar hat seinen Antrag, dem Schiffer Haut die Befugniss zur Ausübung des Schiffergewerbes zu entziehen, damit begründet, dass derselbe erstens auf seiner Fahrt von Schottland nicht die norwegische, sondern die jütische Küste ansteuerte, wodurch das Schiff in die schwierige Lage gerathen sei, welche die Strandung herbeiführte, dass der Schiffer aber ferner sich grober Fehler und Vernachlässigungen bei der Navigirung in der Nähe der jütischen Küste schuldig gemacht, wie das Seeamt in den Gründen seines Spruchs dies bereits ausführlich dargelegt habe, in welcher Beziehung er nur noch die Sorglosigkeit hervorheben wolle, vermöge deren der Schiffer während jeder Wache nur ein- bis zweimal gelothet habe.

Die dem Schiffer in dem Spruche des Seeamts gemachten Vorwürfe, auf welche der Reichscommissar sich hier bezieht, gehen dahin, dass der erstere, als sein Besteck auf 6° östlicher Länge wies, nicht den Curs nördlicher gesetzt und dass er, als ihm um 12 Uhr vor der Strandung die beträchtliche Abnahme der Wassertiefe bekannt wurde, seinen Curs nicht nordwärts genommen habe.

Der Vorwurf, dass der Schiffer anstatt der norwegischen die jütische Küste angesteuert habe, kann bei gehöriger Berücksichtigung der Umstände nicht als genügend motivirt angesehen werden. Das Ansteuern von Norwegen ist zwar eine unter Umständen, namentlich bei nördlichen Winden und klarem Wetter, zweckmässige Massregel; bei südlichen und südwestlichen Winden, wie sie die Schoonerbrigg »Otto« vorzugsweise hatte, und bei welchen ein südwärts in die Hamburger Bucht setzender Strom in der betreffenden Gegend nicht zu erwarten ist, kann indess diese Massnahme nicht für geboten und, falls ein Schiff kein Chronometer zur Längenbestimmung an Bord hat, — wie im vorliegenden Falle — auch nicht einmal als empfehlenswerth erachtet werden, weil an der norwegischen Küste die Möglichkeit nicht geboten ist, durch das Loth Orientirung zu suchen. Die heutige Genauigkeit der Seekarten in Bezug auf Tiefen und Lothungsgrund lässt andererseits das direkte Ansteuern der jütischen Küste nicht besonders gefährlich erscheinen, wenn nur ein sorgsamer Gebrauch von dem Lothe gemacht und auch sonst mit Umsicht navigirt wird.

Im vorliegenden Falle hat der Schiffer Haut den hierin zu stellenden Anforderungen allerdings nicht völlig entsprochen; denn andernfalls hätte der Unfall nicht stattfinden können. Den dahin zielenden Ausführungen des Seeamts kann im allgemeinen beigetreten werden.

Thatsächlich hat die Schoonerbrigg »Otto« im Hinblick auf den Umstand, dass seit dem 7. November 1881 keine Observation gemacht werden konnte, am 10. Mittags ein als sehr genau zu bezeichnendes Besteck gehabt, indem sie zu dieser Zeit nur ungefähr 23 Seemeilen voraus war, was auf eine recht sorgfältige Besteckrechnung während der Fahrt durch die Nordsee schliessen lässt. Es ist also, wie dies bei raumem Winde oft vorkommt, wahrscheinlich nur etwas zu wenig geloggt worden, oder das Fahrzeug hat bis zum 10. Mittags einen ganz unbedeutenden Strom mitgehabt, der in der Cursrichtung setzte.

Hätte der Schiffer Haut, als die Lothungen am 10. Nachmittags und Nachts genommen wurden, diese nächstliegende Erwägung angestellt, dass die Schoonerbrigg nämlich ihrem Besteck etwas voraus war, und, dies im Auge behaltend, seine Curse nebst Lothungen mit den auf der Karte angegebenen Tiefen in Uebereinstimmung zu bringen gesucht, so würde er bald gefunden haben, dass die grösste Wahrscheinlichkeit dafür sprach, dass er fast genau in seinem Curse stand und nur 23 Seemeilen weiter voraus war; er würde dann auch erkannt haben, dass die von ihm seit dem Mittag des 10. gesteuerten Curse und abgelaufenen Distanzen sein Schiff bald nach Mitternacht auf den Strand bei Klitmöller führen mussten. Es ist also zu constatiren, dass das Schiff seit dem 10. Mittags überhaupt keinerlei Strom gehabt, und dass der Einwand des Schiffers, das Schiff sei durch einen ganz ausnahmsweise südwestlichen, also gegen den Wind setzenden, Strom auf den Strand gebracht worden, durchaus unzutreffend ist.

Zur Entschuldigung dient dem Schiffer indess, dass die genommenen Lothungen mit Ausnahme der letzten von 10 Faden Wassertiefe wenigstens annähernd nach der von ihm gebrauchten englischen Karte auch dann stimmen, wenn er annahm, dass er etwa 10½ Seemeilen weiter nordöstlich stehe, als sein Schiff in Wirklichkeit sich befunden hat. Diese Ungewissheit hinsichtlich der Positionen des Fahrzeugs ist freilich durch eine Unterlassung des Schiffers selbst entstanden. Sie hätte nämlich gar nicht eintreten können, wenn der Schiffer am letzten Nachmittage nicht vierstündlich, sondern jede Stunde oder wenigstens zweistündlich gelothet hätte. Er würde, wenn er z. B. um 6 Uhr Abends gelothet hätte, auf seiner wirklichen Route eine Tiefe von 13 bis 20 Faden gelothet haben; auf der von ihm fälschlich angenommenen Route würde er aber zu derselben Zeit 34 bis 37 Faden Tiefe gefunden haben. Das Unterlassen öfterer Lothungen ist also für sein Schiff verhängnissvoll geworden. Es gewährt das Lothen, wie dem erfahrenen Nautiker bekannt, fast in der ganzen Nordsee ein ausgezeichnetes Orientirungsmittel; unerlässliche Bedingung ist dafür aber in manchen Gegenden der Nordsee — und zu diesen zählen gerade die Gründe an der jütischen Küste — dass die Lothungen nicht zu weit auseinander liegen.

Als der Schiffer Haut dann um 1½ Uhr 10 Faden lothete, durfte er nicht blos nach ONO abhalten, sondern er hatte sofort nördlich zu steuern; denn wenn die vorangegangenen Lothungen auch noch einen gewissen Zweifel über die Position aufkommen liessen, so musste ihn diese letzte Lothung sofort belehren, dass seine bisherige Annahme über die Schiffsorte ganz falsch war, und da bei Hanstholm, auf das er zugesegelt war, überall die 10 Fadenlinie der Küste sehr nahe liegt, durfte er nach dieser Lothung keinesfalls auch nur für die kürzeste Zeit ONO steuern; denn dieser Curs führte auf die Küste, wenn er südlich von

Hanstholm-Feuer stand, was ihm, da er seinen Curs auf einer 12 Seemeilen südlich von Hanstholm (also noch etwas südlich von Klitmöller) gelegenen Stelle abgesetzt hatte, doch als nicht unwahrscheinlich erscheinen musste.

Der Schiffer Haut hat also — abgesehen davon, dass er bei den Erwägungen in Bezug auf Feststellung der Schiffspositionen am 10. Mittags einigen Mangel an Umsicht hat erkennen lassen — zwei Fehler begangen, indem er erstens zu selten lothen liess, und zweitens, als 10 Faden gelothet wurden, nicht sofort nach Norden — d. h. von der Küste fort — abhielt.

Bei der Beurtheilung der Frage, in wie weit diese Fehler die Befähigung des Schiffers Haut für sein Gewerbe in Frage zu stellen geeignet sind, muss in Betracht gezogen werden, dass er sich dieselben wahrscheinlich nicht hätte zu Schulden kommen lassen, wenn die genommenen Lothungen nicht ziemlich gut mit einer der wirklichen Route parallel, aber etwa 10½ Seemeilen nordöstlich gelegenen Route übereingestimmt hätten, so dass er hierdurch in Sicherheit gewiegt und in hohem Grade überrascht war, als um 1½ Uhr Nachts 10 Faden gelothet wurden; er glaubte dann, dass der Curs ONO so lange sicher sein würde, bis er sich genauer in der Karte orientirt hatte. Dass der Schiffer Haut im übrigen die Navigirung seines Schiffes mit Sorgsamkeit ausgeübt, dafür spricht sowohl die genaue Besteckführung, welche sich aus dem Schiffsjournal ergiebt, wie insbesondere auch der Umstand, dass er seit einer langen Reihe von Jahren als Schiffer ohne Unfall gefahren hat.

Die besonderen Umstände erheischen daher eine nachsichtige Beurtheilung der gemachten Fehler, und letztere können nicht als so schwerwiegend angesehen werden, dass dem Schiffer Haut die Befähigung zur Ausübung des Schiffergewerbes abzusprechen gewesen wäre, weshalb der Beschwerde des Reichscommissars keine Folge zu geben war.

Die baaren Auslagen des Verfahrens bleiben ausser Ansatz, weil die Beschwerde vom Reichscommissar eingelegt ist.

160. Spruch des Seeamts zu Königsberg vom 29. December 1881 und Entscheidung des Kaiserlichen Ober-Seeamts vom 13. April 1882, betreffend den Seeunfall der Bark „Amphitrite“ von Memel.

Schiff in der Nähe von Gammel-Skagen (Küste von Jütland) gestrandet und wrack geworden.

Der Spruch des Seeamts lautet:

Als Ursache des Seeunfalles ist die ungewöhnlich starke NO-Strömung anzusehen, welche am 16. November 1881 früh und in den vorangegangenen Tagen, vorlängst der Westküste von Jütland herrschte.

Gegen den Schiffer und den Steuermann sind Vorwürfe insofern zu erheben, als der Schiffer es unterlassen hat, den Steuermann am 16. November 4 Uhr Morgens über den von ihm angenommenen Standort des Schiffes und die in der vorangegangenen Schifferwache getroffenen Massregeln ausreichend zu informiren und ferner, während der Nacht vom 15./16. November, etwa eine halbe Wache hindurch über Steuerbordbug von der jütischen Küste abzuliegen, gegen den Steuermann insofern, als er am 16. November 4 Uhr Morgens die Führung des Schiffes übernahm, ohne die vorgedachten Informationen erhalten zu haben, oder aus Karte oder Journal zu entnehmen, und ferner insofern, als er bei der Meldung des Mannes am Ausguck, er glaube Land zu sehen, nicht ohne jeden Verzug abhalten liess.

Dass der Schiffer oder der Steuermann durch diese Unterlassungen den Unfall oder dessen Folgen verschuldet hat, war nicht anzunehmen.

Gründe. Die Memeler Bark »Amphitrite«, Unterscheidungssignal HBJN, von 1349,8 cbm oder 476,5 britischen Register-Tons Netto-Raumgehalt, ist im Jahre 1864 in Memel bis auf Schanzkleider, Verdeck und Cajüte aus Eichenholz mit eichenem Kiel erbaut, und im Winter 1880/81 behufs Verlängerung der Classe 3/3, A. 1. 1. in allen Theilen genau untersucht, zu welchem Zwecke dieselbe gekielholt, vom Kiel bis zum Oberdeck ganz calfatert, im Boden fast durchgängig mit neuen Bolzen versehen, mehrere Decksbalken erneuert und 12 eiserne starke Kniee im Zwischendeck eingezogen wurden. Das Schiff gehörte einer Rhederei, deren

Correspondenz von dem Schiffsrheder Schulz geführt wurde, und war bis zum 1. Januar 1881 mit 63000 ℳ. Taxwerth, vom 1. Januar 1881 ab mit 54000 ℳ. Taxwerth, theils in Hamburg, theils bei dem Memeler Versicherungs-Verein — mit Ausnahme von $^6/_{100}$ Schiffsparten, die unversichert waren — versichert. Drei Hunderttheile gehörten dem Schiffer Grau, welcher schon seit 1870 das Schiff führte, davon waren $^2/_{100}$ versichert, $^1/_{100}$ nicht versichert.

Am 12. November 1881 trat das Schiff von London aus, wohin es eine Ladung Holz von Memel gebracht hatte, bemannt ausser dem Schiffer mit dem als Schiffer geprüften Steuermann Carl Schwaiger, einem Zimmermann, einem Koch, 4 Vollmatrosen, einem Leichtmatrosen, einem Jungmann und 2 Halbmännern, in Ballast seine Rückfahrt nach Memel an. Als Ballast waren ungefähr 200 Tons Schutt eingenommen. An Karten waren eine englische Nordseekarte und eine Karte des Skagerracks, die erstere etwa von 1877 datirend, an Bord.

Am 13. und 14. November war klares Wetter gewesen, so dass der Breitengrad aus der Sonnenhöhe täglich zuverlässig hatte beobachtet und festgestellt werden können, wogegen die geographische Länge bei dem tiefen Stande der Sonne und der Unklarheit des Horizontes nicht durch astronomische Beobachtungen, sondern nur nach den gesteuerten bezw. gesegelten Cursen und Distanzen hatte gefunden werden können. Auf diese Art war auch am 14. November Mittags der Stand des Schiffes auf 55° 9′ nördlicher Breite und 4° 36′ östlicher Länge von Greenwich festgestellt worden. Am 15. November war der Himmel bedeckt und wurde Mittags nach Koppelcurs der Stand des Schiffes auf 56° 53′ nördlicher Breite und 6° 14′ östlicher Länge ermittelt. Da jedoch 18 Faden Tiefe gelothet wurden, die Karte an der bezeichneten Stelle aber ungefähr 23 bis 28 Faden aufwies, so setzten Schiffer und Steuermann ihr Besteck 25 Seemeilen östlicher. Sie gingen dabei von der Annahme aus, dass der Breitengrad bei der nach Tags vorher erfolgten astronomischen Beobachtung nicht wesentlich unrichtig sein könne und dass daher diejenige Stelle des ermittelten Breitengrades als der wahre Standort des Schiffes angesehen werden müsse, an welcher nach der Karte die gelothete Tiefe sich fand. Bei den westlichen Winden und den wechselnden Strömungen der Nordsee war eine solche Correctur des Bestecks nichts auffallendes. Etwa um 1 Uhr Nachmittags, nachdem etwa 5 Seemeilen nach der erfolgten Lothung in nordöstlicher Richtung zurückgelegt waren, wurde nochmals gelothet und 21 Faden, um 4 Uhr Nachmittags 25 Faden gefunden. Dies bestätigte das um 12 Uhr aufgemachte Besteck, indem von der Stelle, an welcher der Standort des Schiffes um 12 Uhr Mittags angenommen war, (25 Seemeilen östlich von 56° 53′ nördlicher Breite und 6° 14′ östlicher Länge) zwischen weniger tiefen Stellen eine schmale Rinne mit Tiefen von 22 bis 23 Faden sich nach NO hinzieht. Es wurde von nun ab alle zwei Stunden gelothet, und ergaben sich dabei Tiefen von 28 bis 30 Faden. Um 4 Uhr Morgens am 16. November hatte der Schiffer, der von 12 Uhr Nachts ab die Wache gehabt, 30 bis 35 Faden gelothet. Er hatte bei frisch wehendem SW-Wind seit 1 Uhr dicht an den Wind drehen lassen, so dass das Schiff unter kleinen Segeln, Vor- und Grossuntermarssegel, Vorstengestagsegel, denen der Schiffer etwas später, um das Schiff noch besser am Winde zu halten, auch das Barksegel zufügen liess, nur ungefähr 2½ Seemeilen die Stunde machte. Nach seinem Besteck, welches er nunmehr in die Skagerrack-Karte übertrug, musste er sich etwa in der Peripherie des Feuerkreises von Hirtshals, jedenfalls nicht weiter voraus, befinden, da er 2 Seemeilen pro Stunde östliche Stromversetzung bereits in Rechnung gezogen. Der Schiffer glaubte deshalb völlig sicher bis zum Anbruch des Morgens, wo er Hirtshals-Feuer und das Land zu sehen hoffte, beim Winde liegen bleiben zu können. Er übergab die Wache um 4 Uhr dem Steuermann mit der Angabe, dass er soeben 30 bis 35 Faden gelothet, zugleich mit dem Auftrage um 6 Uhr wieder zu lothen und begab sich zur Ruhe. Weitere Instructionen ertheilte er dem Steuermann nicht, namentlich hatte der Schiffer dem Steuermann sein um 4 Uhr Morgens aufgemachtes Besteck, sowie die von ihm nach beendeter Wache ins Journal eingetragenen Notizen über gesteuerten und gesegelten Curs nicht übergeben, der Steuermann dieselben nicht gefordert. Karte mit eingetragenem neuesten Besteck und Journal lagen offen in der Cajüte; der Steuermann hat dieselben bei Uebernahme seiner Wache aber nicht eingesehen, er nahm deshalb auch an, dass der Schiffer erst vor kurzem hatte beidrehen lassen, und zumal derselbe das Barksegel hatte zusetzen lassen, dass der Schiffer eine Veränderung des Curses innerhalb der Steuermannswache nicht erwarte. Er selbst fühlte sich hiernach bei soeben gelotheten 30 bis 35 Faden Wasser, bei dem von ihm um 12 Uhr Nachts aufgemachten Besteck, wonach er den Standort des Schiffes um 4 Uhr Morgens beurtheilte, bei der geringen Fahrt des Schiffes, endlich da der Schiffer — was dieser freilich bestreitet und worüber Beweismittel nicht vorhanden sind — erklärte, er — der Schiffer — könne ruhig schlafen gehen, völlig sicher und nahm an, bei beginnendem Morgen das Blinkfeuer oder den Thurm von Hirtshals in Sicht zu bekommen. Uebrigens hat der Steuermann erklärt, bei dem von ihm nach Beendigung seiner Wache aufgemachten Besteck eine Ostströmung von 2 Seemeilen pro Stunde nicht in Rechnung gezogen zu haben.

Auf dem Ausguck befand sich von 4 Uhr Morgens des 16. November der Matrose Rindfleisch; derselbe stand nicht auf der Back, weil er daselbst bei dem ziemlich starken Winde und der groben See weniger sicher war, sondern auf einem Ansatz vor dem Roof. Der Steuermann befand sich bei der Cajüte, wo eine Art Quarterdeck vorhanden war. Nach der Angabe des p. Rindfleisch war es noch dunkel, auch gegen Osten von der Morgendämmerung noch nichts zu bemerken; obwohl sternklar und mondhell, war die Kimme sehr diesig. Am Ruder stand seit 5 Uhr der Matrose Grigat, welcher das Schiff über Backbordbug am Winde zu halten hatte; das Schiff hatte bei SOzS gesteuertem Curse und 5 bis 6 Strich Abtrift wahren Curs nach Ost. Zwischen 5 und 6 Uhr bemerkte der Matrose Rindfleisch in Lee ein Licht, das er für das Toplicht eines Dampfers hielt; er schickte den Halbmann Stanislaus mit der Meldung hierüber an den Steuermann Schwaiger, welcher das Licht gleichfalls durch das Nachtglas beobachtete, und weil er vom Lande her ein festes Feuer nach dem angenommenen Standorte des Schiffes nicht erwarten konnte, dasselbe gleichfalls für das Licht eines Dampfers hielt, und nichts veranlasste. Etwa 15 Minuten später erblickte Rindfleisch, der das Licht weiter nicht beachtet hatte, etwas Schwarzes, das er für Land hielt. Diesmal ging er selbst zum Steuermann. Dieser liess zunächst lothen und als das Loth ungefähr 5 Faden Wasser ergeben hatte, bevor die Lothleine noch aufgenommen war, das Ruder aufholen, die Raaen aufbrassen und die Schoote des Barksegels loswerfen. Das Schiff fiel jedoch nur langsam ab, stiess alsbald mit dem Vorderende auf Grund und stand fest. Während der Klüver losgemacht wurde, wurde das Schiff wieder flott, fiel wieder ab, stiess jedoch bald wieder auf und blieb nunmehr trotz aller Versuche festsitzen. Zunächst dwars See liegend, rollte und stampfte es heftig, bis es allmälig vor den Wind und weiter auf den Strand hinauf kam.

Gegen 10 Uhr Vormittags wurden vom Lande aus Anstalten zur Rettung getroffen, mit dem Schiessapparat war die Leine zum

Schiff geworfen, es erschien aber demnächst auch das Rettungs- und ein Fischerboot, mittelst deren die gesammte Mannschaft abgenommen wurde. Nach der von dem Schiffer in der seeamtlichen Audienz überreichten Bescheinigung des Vorstehers der Rettungsstation Alt-Skagen vom 17. November konnten 12 Mann Besatzung des Rettungsbootes, welches in Lee vom Schiffe dasselbe zu erreichen suchte, das Boot gegen die starke Strömung nicht aufrudern, mussten das Rettungsboot vielmehr wieder an Land und zu Wagen stromaufwärts bringen. Nach dieser Bescheinigung lief die Strömung zu der Zeit zwischen 4 und 5 Seemeilen die Stunde. Um 1 Uhr kam die Mannschaft an Land.

Zur Rettung des Schiffes und zur Bergung des Inventars konnte am Tage der Strandung nichts geschehen, weil die See zu hoch ging. Am folgenden Tage lag das Schiff bereits so sehr auf der Seite, dass die Marsraaen im Wasser lagen. Erst am dritten und den folgenden Tagen konnte das Zeug der Mannschaft, die Takelage, Reservesegel, ein Theil der Anker und Ketten, Instrumente und Journal vom Schiffe abgeholt werden. Das Schiff selbst wurde von der Besichtigungs-Commission für wrack erklärt. Die Karten hatte der Schiffer vor dem Verlassen des Schiffes in einen Sack stecken und in die Cajüte auf Steuerbordseite zum Abholen bereit stellen lassen. Obwohl er die zum Schiffe fahrende Mannschaft auf die Karten besonders aufmerksam gemacht, und obwohl in der Cajüte, da das Schiff auf Backbordseite geworfen, nur ungefähr 1 Fuss Wasser war, war der Kartensack nicht mehr zu finden. Die Thüren der Cajüte waren aufgeschlagen und der Sack wahrscheinlich fortgespült.

Dieser Sachverhalt ist auf Grund der Aussagen des Schiffers Grau und des Steuermanns Schwaiger, von deren Vereidigung, im Einverständnisse mit dem Reichscommissar und im Hinblick auf §§. 19, 22 des Seeunfallgesetzes und §. 56, No. 3 der Strafprozessordnung, Abstand genommen ist, den vor dem Amtsgericht zu Memel eidlich abgelegten Zeugnissen der Matrosen Rindfleisch, Grigat und des Kochs Georgsohn, von denen die ersteren ihre Aussage vor dem Seeamt wiederholt haben, sowie auf Grund der in der Audienz vorgetragenen Auskunft der Hamburger Seewarte und des Rheders Schulz, des in der Audienz vorgelegten Journals und als Verklarung niedergelegten Auszugs aus demselben d. d. Alt-Skagen den 22. November 1881 als festgestellt angenommen.

Hiernach war als die unmittelbare Ursache des Seeunfalls die ungewöhnlich starke nordöstliche Strömung anzusehen, welche zu jener Zeit längs der Westküste von Jütland entlang lief, dass dieselbe bei westlichen Winden im Skagerrack herrscht, ist bekannt. Auch die von dem Schiffer Grau in der Audienz vorgelegte Nordseekarte, betitelt:

»The North Sea compiled from the most recent surveys London Published by Ja'n Imroy & Son 1880«,

enthält den Vermerk: »current with westerly winds about two Knots an hour, but with strong SW winds 3 Knots an hour« neben einem, in nordöstlicher Richtung, parallel der Küste gezeichneten Pfeil. Der in No. 10 der deutschen Rhedereizeitung, Jahrgang 1881, aus Doerings nautischem Kalender für das Jahr 1882 entnommene Aufsatz über Strömungen im Skagerrack, dessen Angaben die sachverständigen Beisitzer des Seeamts überall als mit ihren seemännischen Erfahrungen im Einklang stehend bezeichnet haben, giebt die Geschwindigkeit der von Skagen nach Schweden setzenden Strömung, und darnach wohl auch der unweit Skagen entlang der jütischen Küste laufenden Strömung bei ruhigem Wetter auf 1 bis 2 Seemeilen, bei südwestlichen Stürmen auf 4 bis 5 Seemeilen an. Dass eine solche Strömung auch am 16. November, und da der SW-Wind, wenn auch in mässiger Stärke, schon seit dem 14. November geherrscht hatte, wohl auch schon seit dem 14. November vorlängs der jütischen Küste vorgewaltet hat, findet Bestätigung in den Angaben des Vorstehers der Rettungsstation Alt-Skagen und den Beobachtungen des Steuermanns Schwaiger bei dem Versuche des Rettungsbootes, das Schiff von der Leeseite her zu erreichen. Diese östliche Strömung war die Ursache, dass das von dem Schiffer aufgemachte Besteck, trotz der am 15. November Mittags vorgenommenen Correctur unrichtig und das Schiff in nordöstlicher Richtung ungefähr 20 Seemeilen weiter voraus war, als Schiffer und Steuermann annahmen.

Neben diesem allerdings nicht in vollem Umfange vorauszusetzenden elementaren Vorgange müssen allerdings auch dem Schiffer und dem Steuermann nicht unerhebliche Vorwürfe gemacht werden.

Was zunächst den Schiffer betrifft, so hätte er am 16. November Morgens 4 Uhr, als er das Commando an den Steuermann abtrat, das nach Beendigung seiner Wache aufgenommene Besteck nebst den im Journal verzeichneten Thatsachen, worauf dasselbe beruhte, genau, unter Zurhandnahme der Karte, dem Steuermann angeben müssen. Ein Grund, weshalb dies unterlassen, lag in der damaligen Lage des Schiffes in keiner Weise vor. Dass Karte und Journal offen zur Einsicht des Steuermanns dalagen und der Steuermann die betreffenden Angaben von dem Schiffer nicht forderte, entschuldigt den letzteren nicht. Es scheint bedauerlicher Weise zwischen Schiffer und Steuermann kein sonderliches Einvernehmen geherrscht zu haben und dies war wohl auch der Grund, weshalb die östliche Strömung, welche der Schiffer vom 15. November Mittags ab bei seinem Besteck mit 2 Seemeilen pro Stunde in Rechnung gezogen haben will, von dem Steuermann, nach Angabe desselben, bei dessen Besteck nicht beachtet ist. Er will von dem Vorhandensein einer nordöstlichen Strömung bei südwestlichem Winde im Skagerrack nicht unterrichtet gewesen sein. Dieser Mangel an ausreichender Mittheilung des Schiffers an den Steuermann über die von ihm getroffenen Massnahmen und deren Gründe war freilich ohne Einfluss auf den Seeunfall, da der Schiffer auch seinerseits im Irrthum über den Standort des Schiffes war. Auch wenn für die Fahrt des Schiffes, während der Steuermannswache am 15. November von 8 bis 12 Uhr Abends, 2 Seemeilen pro Stunde auf nordöstliche Strömung gerechnet wären, würde dies bei der weit bedeutenderen Stromversetzung nicht genügt haben, um das Schiff vor der Strandung zu bewahren.

Dagegen muss es als ein entschiedener Fehler bezeichnet werden, dass der Schiffer, als er in der Nacht vom 15. zum 16. November beidrehte, es nicht vorzog, wenigstens eine halbe Wache hindurch über den andern Bug beizudrehen und dann am Morgen den Curs der jütischen Küste entlang fortzusetzen. Dass sein Besteck unsicher war, hatte die Nothwendigkeit der Correctur am 14. November bereits dargethan, auch die Uebereinstimmung der späteren Lothungen mit dem nach der Correctur angenommenen Standort des Schiffes durfte ihn keineswegs völlig sicher in seinem Besteck machen. Andererseits befand er sich auch nach seinem Besteck jedenfalls in der Nähe der Küste, und es war jedenfalls sicherer und nichts dabei verloren, wenn während einer halben Wache von der Küste abgehalten wurde. An Zeit wurde dabei nichts verloren, zumal bei dem heftigen SW-Winde das Kattegat doch nicht eingesegelt werden konnte, ebensowenig, zumal da es gegen Morgen ging und sofort wieder gehalst werden konnte, lag Gefahr vor, zur Nachtzeit an die schwedische Küste als Legerwall zu gerathen.

Das Verhalten des Steuermanns verdient insofern eine ernste Rüge, als er sich nach seinem eigenen Zugeständnisse, obwohl er das Skagerrack bereits öfters passirt hatte, weder aus den Karten, Segelnachweisungen, noch durch genaue Rücksprache mit seinem Schiffsführer mit den Strömungsverhältnissen daselbst bekannt gemacht hatte. Von der so erheblichen, auf der Skagerrack-Karte des Schiffes (die der Steuermann aber geständlich noch gar nicht eingesehen hatte, obwohl er die Führung des Schiffes in demselben übernahm) verzeichneten NO-Strömung bei westlichen Winden war ihm geständlich nichts bekannt; ebensowenig hatte er über die so wichtigen Tiefenverhältnisse, entlang der angesegelten Küste, namentlich den Umstand, dass sich nordwestlich von Skagen und südlich der Skagenbank erhebliche Tiefen sehr nahe am Lande befinden, sich genügend informirt. Diesen Unterlassungen kann allerdings ein unmittelbarer Einfluss auf den Eintritt des Seeunfalls nicht beigemessen werden. Denn wenn der Steuermann Schwaiger auch mit allen diesen Umständen genau bekannt gewesen wäre, so würde er — wie das Verfahren des Schiffers erweist — doch voraussichtlich weder ein wesentlich anderes Besteck gemacht, noch Veranlassung gehabt haben, den Anordnungen des Schiffers, denen er gefolgt ist, entgegenzutreten.

Der Steuermann Schwaiger hätte aber möglicherweise das Schiff noch von der Küste freisegeln können, wenn er sofort, als der Matrose Rindfleisch ihm durch den Halbmann Stanislaus das Licht melden liess, (wie sich später herausstellte das Feuer von Skagen) von der Küste abgehalten, und wenn er wenigstens, als der Matrose Rindfleisch das Land gemeldet hatte, nicht noch Zeit mit dem Lothen verloren hätte, sondern sofort, ohne den geringsten Aufenthalt, die zum Abhalten erforderlichen Befehle ertheilt hätte. Zwischen der Meldung des Lichts und der Meldung, dass Land in Sicht sei, soll ungefähr eine Viertelstunde, zwischen der letzteren Meldung und dem ersten Aufstossen des Schiffes sollen noch ungefähr acht Minuten vergangen sein. Wenn auch noch, bevor die Lothleine wieder heraufgezogen war, bereits das Ruder aufgeholt und die Achterraaen vierkannt gebrasst waren, so war mit dem Vorneausbringen und Fallenlassen des Loths — einer Massregel, die sogar von den Matrosen sofort als zu spät und deshalb als unnütz erkannt und bezeichnet wurde — immerhin einige Minuten Zeit verstrichen. Ob diese Zeit hingereicht hätte, um noch von der Küste freizukommen, lässt sich mit Bestimmtheit nicht sagen, zumal es erklärlich ist, dass das Schiff bei der starken Strömung langsam vom Winde abfiel, andererseits ist bei dem an dieser Stelle fast steil ansteigenden Meeresboden eine minutenlange Zeit schon von entscheidender Bedeutung.

Wünschenswerth wäre es auch gewesen, wenn schon um 5 Uhr gelothet worden wäre. Aus dem soeben gedachten Grunde, weil in sehr geringem Abstande von Skagen Tiefen von 20 bis 40 Faden sich finden, bleibt es immerhin zweifelhaft, ob dadurch der Seeunfall vermieden wäre. Einen Vorwurf will das Seeamt daraus, dass nicht bei Annäherung an die Küste stündlich oder gar halbstündlich gelothet worden, weder dem Schiffer noch dem Steuermann machen. Bei der sehr geringen Fahrt, und da der Schiffer nach seinem Besteck noch genügenden Abstand vom Lande hatte, auch erwarten musste, wenn dasselbe dennoch unrichtig sein sollte, das Feuer von Hirtshals oder Skagen, oder beide Feuer rechtzeitig zu Gesicht zu bekommen, kann die Anordnung des Schiffers, der um 4 Uhr 30 bis 35 Faden gelothet hatte, dass erst um 6 Uhr gelothet werden sollte, nicht für unzureichend erachtet werden. Auch den Steuermann trifft aus denselben Gründen in dieser Beziehung kein Vorwurf, wobei noch in Betracht kommt, dass derselbe durch die Beisetzung des Barksegels seitens des Schiffers allerdings noch sicherer gemacht war.

Wenn nach vorstehenden Erwägungen das Verfahren sowohl des Schiffers, als auch des Steuermanns, in mehrfacher Beziehung die volle Billigung des Seeamts nicht erfahren kann, so hat dasselbe doch geglaubt, von der nach §. 26 des Seeunfallgesetzes vom 27. Juli 1877 ihm beigelegten Befugniss in diesem Falle keinen Gebrauch machen zu sollen.

Die aus dem mangelnden gehörigen Einvernehmen zwischen Schiffer und Steuermann nach Obigem herzuleitenden Vorwürfe, sowohl gegen den Schiffer, als auch namentlich gegen den Steuermann, scheiden in dieser Beziehung schon deshalb aus, weil dieselben in keiner unmittelbaren Beziehung zu dem Seeunfall stehen, §. 26 l. c., aber einen Kausalnexus zwischen dem Verschulden und dem Unfall zur Voraussetzung seiner Anwendung hat.

Dass der Schiffer während der Nachtstunden unterliess, über den andern Bug zu gehen und eine halbe Wache hindurch vom Lande abzuhalten, war allerdings ein nautischer Fehlgriff (error in judgement, wie die englischen Seeamtssprüche es ausdrücken). Da er aber sein Besteck wohl für richtig halten, auch erwarten konnte, in der Nacht rechtzeitig die Feuer der jütischen Küste, am Tage das Land zu Gesicht zu bekommen, die starke Strömung aber, die

Verwechselung des Landfeuers mit dem Toplicht eines Dampfboots, und die verzögerte Ausführung der auf das Abhalten des Schiffes vom Winde abzielenden Ruder- und Segelmanöver nicht voraussehen konnte, so war dieser Fehlgriff nach dem Urtheile des Seeamts nicht von der Art, dass derselbe auf den Mangel solcher Eigenschaften, welche zur Ausübung des Schiffer- oder gar Steuermannsgewerbes erforderlich sind, zurückgeführt werden müsste.

Das Verhalten des Steuermanns in dem entscheidenden Augenblicke zeigt allerdings, dass er nicht sofort die Situation klar erkannte. Dass er das Feuer von Skagen für das Toplicht eines Dampfers halten konnte, findet aber in der Sicherheit, mit welcher er auf das Feuer von Hirtshals (ein Blinkfeuer) und nicht auf dasjenige von Skagen (ein festes Feuer) rechnete, und in welcher er, wenn nicht durch die Worte, so doch durch das Verhalten des Schiffers, der gleicher Ansicht war, bestärkt wurde, Entschuldigung. Die Zögerung, welche er in der Anordnung der Ruder- und Segelmanöver dadurch eintreten liess, dass er zunächst das verspätete und nutzlose Lothen ausführte, beweist, dass er für einen Augenblick wenigstens die volle Geistesgegenwart verloren hatte. Dies kann aber auch dem tüchtigsten und erfahrensten Seemann momentan passiren. Während des Lothens schon, also in wenigen Minuten, hatte er die richtigen Anordnungen getroffen. Aus diesem Moment der Consternirtheit, bei ganz unvermuthet hervorgetretener Gefahr, kann, zumal bei einem noch jüngern Seemanne, nach dem Urtheile des Seeamts noch nicht auf den Mangel der erforderlichen Geistesgegenwart geschlossen werden.

Den Anträgen des Reichscommissars, welchen bezüglich des Schiffers nur der formelle Gesichtspunkt zum Grunde lag, sich die Berufung an das Ober-Seeamt zu wahren, war darnach keine Folge zu geben.

Nach Eintritt des Seeunfalls war ein Mehreres zur Abwendung der Folgen desselben nicht zu thun.

Die Entscheidung des Ober-Seeamts lautet:

dass der Spruch des Königlich preussischen Seeamts in Königsberg vom 29. December 1881 zu bestätigen und die baaren Auslagen des Verfahrens ausser Ansatz zu lassen.

Gründe. Der Reichscommissar hat seinen Antrag, dem Schiffer Grau die Befugniss zur Ausübung des Schiffergewerbes, dem Steuermann Schwaiger aber die Befugniss zur Ausübung des Schiffer- und des Steuermannsgewerbes zu entziehen, in Bezug auf den ersteren zunächst nur aus formellen Gründen gestellt, in der Beschwerde gegen den Spruch des Seeamts aber dem Schiffer einen Vorwurf daraus gemacht, dass derselbe den Steuermann bei Uebergabe der Wache um 4 Uhr Morgens am 16. November 1881 aufgefordert habe, erst um 6 Uhr wieder zu lothen, und dass der Schiffer den Steuermann dadurch in ein gewisses Gefühl der Sicherheit versetzt habe, welches den letzteren veranlasste, nicht diejenigen Mittel zu benutzen, welche ihm zu Gebote standen, um sich über die Lage des Schiffes zu unterrichten und früher oder öfter zu lothen.

Was den Steuermann betrifft, so soll denselben nach den Ausführungen des Reichscommissars der Vorwurf einer pflichtwidrigen Vernachlässigung der Mittel treffen, welche sich darboten, um über die Verhältnisse des Fahrwassers und des Schiffes eine Orientirung zu erlangen, indem er keine Kenntniss von der längs der jütischen Küste unter Umständen laufenden starken östlichen Strömung hatte, obwohl er mit dem Schiffer zusammen kurz vorher das Besteck aufgemacht hatte und von demselben wiederholt die Nothwendigkeit erörtert worden war, den Punkt, auf dem sich das Schiff befand, weiter östlich zu verlegen, als die Berechnung ergeben hatte. Ferner soll er unterlassen haben, sich bei Uebernahme der Wache am 16. November Morgens nach Karte und Journal über die für die Leitung des Schiffes wesentlichen Thatsachen zu unterrichten. Er soll es sodann an der nöthigen Aufmerksamkeit und an Pflichteifer haben fehlen lassen, indem er das Loth nicht häufiger brauchte, obwohl er wissen musste, dass die Lage des Schiffes nicht mit Sicherheit bestimmt war, und dass die jütische Küste sich in Lee befand, während in Folge des diesigen Wetters die Annäherung sich sehr wohl ohne besondere für den Ausguck wahrnehmbare Zeichen vollziehen konnte. Weiter soll er das Leuchtfeuer von Skagen für ein Dampferlicht gehalten haben, während eine kurze Ueberlegung ihm die Irrigkeit dieser Meinung klar werden lassen musste, und schliesslich soll er, als Land gemeldet wurde, erst mit Lothen Zeit verloren haben, anstatt sofort vom Lande abzuhalten.

Diese Auffassung von dem Masse der Verschuldung des Schiffers und des Steuermanns ist seitens des Reichscommissars in der mündlichen Verhandlung zweiter Instanz dahin modificirt worden, dass er den ersteren für schuldiger an dem Seeunfall als den Steuermann halten müsse, weil der Schiffer am 16. November Morgens

4 Uhr nach Besteck und Lothungen wissen musste, dass sein Schiff ungefähr 9 bis 10 Seemeilen nordwestlich von Hirtshals stand und weil derselbe unter diesen Umständen verpflichtet gewesen sei, bei Uebergabe der Wache an den Steuermann diesem über die Situation genaue Aufklärung zu geben und die grösste Vorsicht, namentlich fleissiges Lothen und sorgfältigen Ausguck zu empfehlen, während den Steuermann nur die Schuld treffe, die Wache ohne gehörige Orientirung übernommen und nicht genügend aufmerksam gewesen zu sein.

Bei Beurtheilung des Masses der Verschuldung des Schiffers und des Steuermanns an dem Unfall handelt es sich zunächst darum, festzustellen, auf welche Ursache die Versegelung der »Amphitrite« zurückzuführen ist; denn die Strandung selbst ist zwar durch ein falsches Manöver, nämlich durch das Beidrehen über Backbordbug unmittelbar veranlasst; dieses falsche Manöver wäre aber vom Schiffer nicht angeordnet worden, wenn er sich nicht an einem anderen Orte geglaubt hätte, als er in Wirklichkeit stand, wenn er also nicht eine sogenannte Versegelung gehabt hätte. Zur Feststellung der letzteren ist es nothwendig, dass man vom Orte der Strandung aus die vom Schiffe gelaufenen Curse und Distanzen rückwärts in die Karte einträgt und die einzelnen gefundenen Positionen unter Berücksichtigung des wahrscheinlichen Stromes mit den in Wirklichkeit genommenen Lothungen in Einklang zu bringen sucht. Thut man dies im vorliegenden Falle, so erhält man in der Karte eine gebrochene Curslinie, welche als die von der Bark wirklich zurückgelegte mit grösster Wahrscheinlichkeit angesehen werden kann, da man nur einen den Angaben in den Segelanweisungen und Karten entsprechenden und zwar ziemlich geringen Strom in Anrechnung zu bringen braucht, um eine sehr befriedigende Uebereinstimmung der gesteuerten Curse und geloggten Fahrten nebst den dabei genommenen Lothungen mit den Angaben der Karte zu erhalten. Diese Eintragung führt aber zu dem Resultat, dass die Bark am 15. November Mittags nicht blos eine falsche Länge — wie der Schiffer annahm —, sondern auch eine falsche Bestecksbreite hatte, und dass der Fehler des Bestecks nicht 25 Seemeilen, wie der Schiffer annahm, sondern mehr als das Doppelte, nämlich über 50 Seemeilen betrug. Von dieser Zeit ab ist bis gegen 8 Uhr Abends ein nordöstlicher Strom von weniger als 1 Knoten Geschwindigkeit gelaufen, der bald nach dem Passiren des Meridians von Hanstholm eine etwas östlichere Richtung annahm und sich allmälig bis auf etwa 1 1/2 Seemeilen in der Stunde verstärkte. Es sind dies also genau diejenigen Strömungen, welche die Segelanweisungen und Karten, insbesondere auch die von Imray & Son, die sich auf der »Amphitrite« befand, angeben.

Die erste Veranlassung zu dem Unfall hat also das sehr falsche Besteck am 15. Mittags gegeben. Auf eine genaue Bestecksführung in den Tagen bis zum 15. Mittags ist von dem Schiffer Grau, nach seinen eigenen Angaben zu schliessen, durchaus nicht die erforderliche Sorgfalt verwendet worden. Obwohl ein Chronometer an Bord war und das Wetter im Journal als klar bezeichnet ist, wurde eine Chronometerlänge auf der ganzen Reise nicht observirt. Verhindert trübes Wetter solche Observation, so muss in der Nordsee ein sorgsamer Gebrauch vom Lothe gemacht werden, aber auch dies hat der Schiffer Grau bis zum 15. Mittags gänzlich verabsäumt. Dafür aber, dass alle Hülfsmittel benutzt werden, um jederzeit die Schiffsposition so genau als möglich zu kennen, ist der Schiffer ganz allein verantwortlich. Auf ihn fällt daher auch im vorliegenden Falle in erster Linie die Schuld an der ganz ausnahmsweise grossen Versegelung, welche später Anlass zu dem Unfall wurde.

Der Schiffer Grau nahm nun, da die Lothung von 18 Faden am 15. Mittags mit der Tiefenangabe der Karte für den gefundenen Schiffsort durchaus nicht stimmte, einfach an, dass nur die Besteckslänge unrichtig sei, und verschob seinen Schiffsort auf demselben Breitenparallel soweit nach Ost, bis er auf der Karte die gelotheten 18 Faden Tiefe fand. Dieses Verfahren ist, wenn man es als ein vorläufiges auffasst, an und für sich nicht zu tadeln; nur musste durch die demnächst zu nehmenden Lothungen die Probe auf seine Richtigkeit gemacht werden. Die späteren Lothungen ergaben nun folgende Tiefen: 4 Uhr: 25 Faden. 8 Uhr: 29 Faden. 12 Uhr M.N.: 19 Faden. 2 Uhr n. M.N.: 28 bis 30 Faden. Das Besteck hingegen würde, von jenem Mittagsorte aus weiter in die Karte eingetragen, folgende Lothungen haben ergeben sollen:

4 Uhr: ca. 27 Faden. 8 Uhr: 30 bis 32 Faden. 12 Uhr M.N.: ca. 32 Faden. 2 Uhr n. M.N.: ca. 32 Faden.

Wie ersichtlich, sind die wirklich gelotheten Tiefen (namentlich um 12 Uhr M.N.) nicht unerheblich geringer, als sie nach der Karte hätten sein sollen, wenn die angenommene Ausgangsposition richtig gewesen wäre. Man findet Tiefen, die den bis 2 Uhr Morgens wirklich gelotheten entsprechen, auf der Karte überall nur südwestlich oder südlich von der nach dem angenommenen Besteck in die Karte gelegten Linie; nördlich und nordöstlich findet man hingegen noch weit grössere Tiefen. Bei der Lothung um 4 Uhr Morgens, welche 30 bis 35 Faden ergab, ist das gerade umgekehrt; zu dieser Zeit hätte man nach dem Besteck nur 15 Faden Wasser finden sollen, und jene 30 bis 35 Faden findet man weiter nördlich. Um die gelotheten Tiefen mit denen der Karte in Uebereinstimmung zu bringen, hätte man daher für den ganzen Nachmittag einen Strom in südlicher oder südwestlicher Richtung, d. h. gegen den Wind, und von 2 Uhr Morgens am 16. November ab einen solchen nach Nord voraussetzen müssen, wenn man an der Richtigkeit des Bestecksspunktes vom Mittag des 15. festhalten wollte. Gegen einen derartigen Strom sprach alle Wahrscheinlichkeit. Der Schiffer scheint die Unzulänglichkeit des Bestecks auch erkannt zu haben; denn er giebt an, dass er, weil die Lothungen nicht stimmten, seit dem 15. Mittags 2 Seemeilen Strom pro Stunde in der Cursrichtung setzend, in Rechnung gestellt habe. Bringt man diesen Strom am Besteck an, so hätten folgende Tiefen gelothet werden müssen.

4 Uhr: 28 bis 30 Faden. 8 Uhr: ca. 50 Faden. 12 Uhr M.N.: ca. 30 Faden. 2 Uhr n. M.N.: 17 bis 20 Faden. Man sieht, dass dann die Differenz mit den thatsächlichen Lothungen nur noch grösser wird.

Bei dieser geringen Uebereinstimmung hätte sich dem Schiffer die Vermuthung aufdrängen müssen, dass seine angenommene Ausgangsposition am 15. Mittags nicht richtig war, d. h. dass nicht blos die Länge, sondern auch die Breite unrichtig war. Bei solcher Erwägung wäre es denn gar nicht besonders schwierig gewesen, eine Curslinie in der Karte zu finden, auf welcher Lothungen, Curse und Distanzen eine ganz befriedigende Uebereinstimmung zeigten, und damit hätte der Schiffer gewusst, wo das Schiff stand. Erleichtert hätte er sich dies noch, wenn er die ganze Zeit über zweistündlich und nicht vierstündlich gelothet hätte.

Jedenfalls konnte der Schiffer darüber gar nicht im Unklaren sein, dass seine angenommenen Positionen hinsichtlich der Wassertiefen mit der Karte durchaus nicht stimmten, dass er mithin da nicht war, wo er zu sein glaubte. Er hatte also die grösste Ursache, mit äusserster Vorsicht zu navigiren. Das Schiff bei solcher Unsicherheit die Nacht über an den Wind zu legen, war eine ganz richtige Massregel; anstatt aber so beizudrehen, dass er vom Lande ablag, drehte er auf das Land zu bei. Es zeugt dies von einem ganz auffallenden Mangel an richtiger Ueberlegung, namentlich deshalb, weil südwestlicher Wind herrschte, der bekanntlich sehr häufig nach West und NW dreht. Wenn daher das Schiff so lange, als der Schiffer die Wache hatte, auch ungefähr Ost, d. h. in einer Richtung hintrieb, welche der nahen Küste annähernd parallel ging, so musste er doch, als er die Wache abgab, entweder halsen und wieder von der Küste abliegen, oder er musste den Steuermann instruiren, sofort zu halsen, wenn der Wind raumte, da andernfalls das Schiff in der Richtung auf die Küste segelte. Nun hat in der That der Wind geraumt; denn er ist im Journal nur bis um 4 Uhr als SW, dann aber als WSW bezeichnet, und damit stimmen die Angaben der Matrosen Rindfleisch und Grigat, nach welchen das Fahrzeug seit 4 Uhr Süd oder SzO angelegen hat. Dieser Curs — nämlich nach Anbringung der Abtrifft SOzO bis OSO — führt aber direkt auf den Strand in die Gegend der Strandungsstelle und sogar selbst dann noch, wenn etwas östlicher Strom auf den Luvbug angenommen wird. Ein aussergewöhnlich starker Strom braucht aber zur Erklärung der Strandung keineswegs angenommen zu werden; es genügt vielmehr ein Strom von etwa 1½ Seemeilen in der Stunde, wie er hier gewöhnlich bei frischen Westwinden läuft, und auf den zu rücksichtigen Pflicht jedes Navigateurs ist. Hat die Bark nach 4 Uhr Morgens eine grössere Fahrt als die angenommene von 2,5 Seemeilen in der Stunde, welche nur durch ein einmaliges Loggen festgestellt ist, gelaufen, was nach Setzen des Barksegels und da der Wind im Auffrischen war, nicht unwahrscheinlich ist, so genügte noch ein geringerer Strom, um sie auf den Strand zu bringen.

Der Schiffer hat nun aber nicht blos jede Instruction des Steuermanns hinsichtlich der bei Windänderung vorzunehmenden Manöver unterlassen, sondern er hat diesem noch ausdrücklich das Werfen des Lothes um 6 Uhr, also nach zwei Stunden, anbefohlen. Es zeugt dies abermals von einer ganz auffallenden Sorglosigkeit; denn wenn man seinen Schiffsort in der Nähe einer als gefährlich bekannten Küste nicht genau kennt, wenn noch dazu das Wetter öfter dick ist, und wenn man mit dem Bug des Schiffes direkt auf Land zu liegt, dann verlangt die Sorge für die Sicherheit des Schiffes in erster Reihe ein öfteres Lothen. Da das Schiff an den Wind gelegt war, verursachte das Lothen noch dazu so gut wie keine Arbeit.

Zu alle dem kommt, dass der Schiffer den Steuermann bei

Uebergabe der Wache nicht über diejenige Position des Schiffes instruirt hat, welche er für die wahrscheinlichste hielt; wenn er dies unterliess, konnte er auch nicht erwarten, dass der Steuermann im Falle unvorhergesehener Ereignisse die richtige Massnahme zur Rettung des Schiffes ergriff.

Was nun den Steuermann betrifft, so können ihm nach Lage der Sache weder die Fehler in der Navigirung des Schiffes, noch das unterlassene Lothen zur Last gelegt werden, da nicht dem Steuermann, sondern dem Schiffer die Verantwortung für die Navigirung zufällt und der erstere im allgemeinen nach den Instructionen des letzteren zu handeln hat; für jeden Fehler und jede Unterlassung bei der Ausführung solcher Instructionen, wie auch für jeden Verstoss gegen seemännische Regeln, die er auf seiner Wache begeht, haftet dagegen der Steuermann. Hätte der Schiffer dem Steuermann die vermeintliche Position des Schiffes auf der Karte gezeigt, so würde man den Steuermann für das Unterlassen öfteren Lothens verantwortlich machen können; denn selbst nach dieser vermeintlichen Position stand das Schiff nicht in so grosser Entfernung von der Küste, dass nicht ein halb- bis einstündliches Lothen nach seemännischer Regel geboten gewesen wäre, wenn man in der Richtung auf die Küste zusegelt. Kann daher, wie der Fall liegt, für d i e s e Fehler nur der Schiffer verantwortlich gemacht werden, so hat doch auch der Steuermann eine grosse Gleichgültigkeit in Bezug auf die Pflichten seines Berufes an den Tag gelegt; denn dass derselbe sich bei der Uebernahme der Wache auf das Genaueste über die wahrscheinliche Schiffsposition unterrichten und nöthigenfalls den Schiffer darüber befragen muss, ist selbstverständlich. Pflicht wäre es für ihn auch gewesen, sich, als das Schiff dem Skagerrack zusteuerte, nach Karte und Segelanweisungen über die dortigen Strömungsverhältnisse zu unterrichten; denn diese geben übereinstimmend eine bei westlichen Winden zuweilen starke östliche Strömung an. Der Steuermann hat ferner darin gefehlt, dass er sich, nachdem ein Feuer gemeldet war, bei der Annahme beruhigte, es werde wohl das Toplicht eines Dampfers sein; denn einmal hätte er dann doch auch eine der bunten Schiffslaternen des Dampfers mit blossem Auge oder dem Nachtfernrohre, das er bei sich hatte, sehen müssen, sodann hätte ihm aus dem Masse der Veränderung in der Compassrichtung dieses Lichtes bei öfterem Peilen desselben bald klar werden müssen, dass er es mit einem auf dem Lande befindlichen festen Feuer zu thun hatte. Ferner hätte er richtiger gehandelt, sofort das Ruder aufzuholen, als ihm das Land gemeldet wurde, und nicht erst Zeit mit Lothen zu verlieren. Wenn auch im Gegensatz zu der vom Steuermann vorgetragenen Ansicht die von ihm sowohl, wie die vom Schiffer begangenen Vernachlässigungen und Fehler als in einem direkten ursachlichen Zusammenhang mit dem Seeunfall stehend angesehen werden müssen, weil ohne diese Fehler die Strandung gar nicht hätte stattfinden können, da dabei kein einziger aussergewöhnlicher und nicht vorher in Berechnung zu ziehender Einfluss sich geltend gemacht hat, so sind doch die vom Steuermann begangenen Fehler nachsichtig zu beurtheilen, weil sie zum Theil darauf zurückzuführen sind, dass der Schiffer ihn nicht gehörig instruirt und ihn durch das Anbefehlen der Lothung erst nach zwei Stunden in gewissem Grade sicher gemacht hat. Die Fehler sind daher nicht solche, dass sie den Schluss auf die Unfähigkeit des Steuermanns zur Ausübung des Steuermannsgewerbes begründen.

Was die vom Schiffer begangenen Fehler betrifft, so ist nur in einem Umstande der Grund für eine nachsichtige Beurtheilung zu finden, nämlich darin, dass eine derartige sorglose Navigirung sonst nicht zu seinen Gewohnheiten zu gehören scheint; denn nicht nur ist dies aus dem Eindruck zu schliessen, welchen der Schiffer Grau persönlich macht, sondern auch die Thatsache, dass er dasselbe Schiff schon seit 1870 ohne Unfälle geführt hat, spricht dafür, dass keine eigentliche Unfähigkeit vorliegt, sondern dass er nur in diesem einen Falle es an der nöthigen Umsicht und Sorgsamkeit hat fehlen lassen, und dies lässt erwarten, dass er fernerhin um so aufmerksamer und pflichtgetreuer seinem Berufe obliegen wird.

Aus diesem Grunde war der Beschwerde nicht Folge zu geben.

Die baaren Auslagen des Verfahrens bleiben ausser Ansatz, weil die Beschwerde vom Reichscommissar eingelegt ist.

161. Spruch des Seeamts zu Emden vom 21. Januar 1882 und Entscheidung des Kaiserlichen Ober-Seeamts vom 25. April 1882, betreffend den Zusammenstoss des Schooners „Hermann“ von Ostrhauderfehn mit dem Schooner „Mariane“ von Hamburg.

Der Spruch des Seeamts lautet:

Die Collision des Schooners »Hermann«, Unterscheidungssignal KGLF, von Ostrhauderfehn mit dem Schooner »Mariane«, Unterscheidungssignal MDNJ, von Hamburg ist darauf zurückzuführen, dass der auf der »Mariane« die Wache führende Steuermann beim Insichtkommen des »Hermann« nicht rechtzeitig bezw. nicht genügend abgehalten hat und findet damit das Verhalten des Steuermanns des letzteren, gegen die gewöhnliche Regel von seinem bisherigen Curse abzuweichen, durch den Artikel 23 der Allerhöchsten Verordnung vom 7. Januar 1880 seine Entschuldigung bezw. Rechtfertigung.

Entscheidungsgründe. Der zu Ostrhauderfehn heimathberechtigte Schooner »Hermann« ist in der Nacht vom 28./29. September 1880 mit dem zu Hamburg heimathberechtigten Schooner »Mariane« unweit Falsterbo in Collision gewesen, durch welche beide Schiffe beschädigt sind. Dieselben sind sodann in Kopenhagen reparirt und wieder in Fahrt gesetzt; übrigens ist die Einleitung der Untersuchung über diese Collision vom Reichsamt des Innern verfügt worden. Dieselbe hat ergeben, dass beide Schiffe damals von Petersburg kamen, der »Hermann« mit einer Ladung Leinsaat, die »Mariane« mit einer Ladung Holz, und dieselben in der fraglichen Nacht bei dunklem jedoch gut feuersichtigem Wetter im Sunde kreuzten. Beide Schiffe hatten die vorschriftsmässigen Lichter ordnungsmässig brennen, auf beiden hatte der betreffende Steuermann das Commando und lagen beide beim Winde, der »Hermann« mit Steuerbordhalsen, die »Mariane« mit Backbordhalsen. Danach wird auch von beiden Seiten anerkannt, dass die »Mariane« zum Ausweichen verpflichtet gewesen sei. Der Steuermann der »Mariane« will nun auch dieser Verpflichtung nachgekommen sein, der Steuermann des »Hermann« behauptet jedoch, dass das nicht geschehen sei, die »Mariane« vielmehr ihren Curs beibehalten und erst dann abgehalten habe, als es zu spät gewesen sei. Er giebt dabei an, dass er das grüne Licht der »Mariane« zuerst etwa 10 bis 18 Minuten vor dem Zusammenstoss ungefähr 3 bis 4 Strich über Backbord bemerkt habe, dasselbe auch noch längere Zeit bis recht voraus in Sicht geblieben sei, bis dann der Ausguck das rothe Licht gemeldet und er selbst das letztere gleichfalls bemerkt habe. Hierauf habe er selbst abgehalten, jedoch sei unmittelbar darauf bereits der Zusammenstoss erfolgt, und zwar trafen die Schiffe mit dem Backbordbug zusammen. Auf der »Mariane« wurden einige Stützen und ein Theil der Regeling eingedrückt, zwei Spann Wanten und das Schoonersegel zerrissen, auf dem »Hermann« zerbrachen ebenfalls Regeling und mehrere Stützen, der Krahnbalken wurde versetzt und der Bug mit dem Vorgeschirr beschädigt, übrigens aber wurde demnächst von den Schiffsführern in Kopenhagen das Abkommen getroffen, dass jeder Theil seinen eigenen Schaden selbst tragen solle.

Diese Feststellungen beruhen auf den Aussagen der in der Sitzung vom 21. Januar 1882 vernommenen Zeugen, bezw. dem Inhalte einer am 13. November 1881 in anderer Veranlassung seitens der Mannschaft der »Mariane« zu Bremen belegten Verklarung, bei welcher auch der hier in Frage stehende Unfall Berücksichtigung gefunden hat; eine Wiederauffindung des Steuermanns der »Mariane« ist jedoch trotz der dieserhalb eingezogenen Erkundigungen nicht möglich gewesen. Aus diesem Grunde wurde seitens des Reichscommissars die Aussetzung des Verfahrens bis zu einer nachträglich zu erwirkenden Vernehmung des genannten Steuermanns beantragt, das Seeamt hat jedoch eine solche weitere Vernehmung nicht für erforderlich, vielmehr die Sachlage durch die seitherigen Verhandlungen für genügend klar gestellt erachtet. Denn nach den mit den Angaben des Steuermanns des »Hermann« im wesentlichen übereinstimmenden Aussagen des Schiffsmanns ter Vehn, hat das auf dem »Hermann« zuerst gesehene grüne Licht der »Mariane« nicht blos längere Zeit verfolgt werden können, sondern sind demnächst zuerst beide Lichter und dann allein das rothe Licht der »Mariane« auch erst ganz unmittelbar vor dem Zusammenstosse gesehen worden. Danach kann nicht bezweifelt werden, dass die »Mariane« nach dem Insichtkommen der Lichter des »Hermann« in der That noch ihren Curs beibehalten, also nicht sofort abgehalten bezw. letzteres nicht in genügender Weise gethan hat, späterhin aber wegen Kürze der Zeit ein Freikommen der beiden Schiffe von einander nicht mehr möglich gewesen ist. Diese Auffassung findet noch eine weitere Unterstützung in dem Umstande, dass der Führer der »Mariane« sich in Kopenhagen sofort zu dem erwähnten Abkommen herbeigelassen hat, und befand sich, die Richtigkeit dieser Auffassung vorausgesetzt, der Steuermann des »Hermann« in Wirklichkeit in einer Nothlage, in welcher er nach Anleitung des Artikels 23 der Allerhöchsten Verordnung vom 7. Januar 1880, ohne Rücksicht auf die allgemeinen Regeln, auf seine eigenen pflichtmässigen Entschliessungen angewiesen war, so dass ihn, auch wenn dieselben nicht zu dem beabsichtigten Erfolge führten, dieserhalb eine Verantwortung nicht wird treffen können.

Die Entscheidung des Ober-Seeamts lautet:

dass die Beschwerde als unzulässig zurückzuweisen und die baaren Auslagen des Verfahrens ausser Ansatz zu lassen.

Gründe. Ueber den Zusammenstoss des »Hermann« und der »Mariane« haben seitens des ersteren Schiffes der Schiffer Schoon, der Steuermann Ulpts und der Schiffsjunge ter Vehn am 4. Januar 1881 vor dem Kaiserlichen Consulat zu Middlesborough, seitens der »Mariane« der Schiffer Stoelken, der Steuermann Kruse und der Koch Paasch am 13. November 1880 vor dem Amtsgericht zu Bremen sich vernehmen lassen. Sodann sind Stoelken am 9. Februar 1881 bei dem Königlich preussischen Amtsgericht zu York und Ulpts am 25. Juli 1881 bei dem Königlich preussischen Amtsgericht zu Harburg abgehört worden. Nachdem in der Hauptverhandlung vor dem Seeamt die nochmalige Vernehmung von Schoon, Ulpts, ter Vehn und Stoelken erfolgt war, erachtete der Reichscommissar die Beweiserhebung noch nicht für erschöpft, sondern beantragte,

das Verfahren auszusetzen und wenigstens vorher die Vernehmung einer derjenigen Personen herbeizuführen, welche zur Zeit der Collision auf dem Schiff »Mariane« die Wache gehabt haben.

Das Seeamt hat unter Ablehnung dieses Antrags sofort seinen Spruch abgegeben.

Die Ermittelung der Ursachen des Zusammenstossens von Schiffen unterliegt erfahrungsmässig in der Regel erheblichen Schwierigkeiten; sie ist zugleich von weittragendem öffentlichen Interesse; es erscheint deshalb gerechtfertigt, die hierauf bezüglichen Untersuchungsverhandlungen so lange fortzusetzen, bis alle vorhandenen Mittel zur Feststellung des Sachverhalts erschöpft sind. Von diesen Erwägungen aus hätte sich dem Seeamt wohl Anlass geboten, den Antrag des Reichscommissars nicht abzulehnen, sondern ihm Folge zu geben. Aus der Ablehnung kann indessen der Reichscommissar ein Recht zur Beschwerde nicht herleiten.

Das Reichsgesetz vom 27. Juli 1877 lässt im §. 27 die Beschwerde nur in dem einen Falle zu, wenn der Reichscommissar in erster Instanz einen Antrag auf Entziehung der Gewerbebefugniss gestellt hat. Dieser Antrag ist die nothwendige Voraussetzung der Beschwerde, ist er nicht gestellt, so kann in zweiter Instanz in eine Untersuchung des Seeunfalls nicht eingetreten werden.

In der Beschwerdeschrift ist zwar ausgeführt, dass in dem erwähnten Antrag auf Aussetzung des weiteren Verfahrens als Endziel der Antrag auf Entziehung der Gewerbebefugniss des Steuermanns Ulpts indirekt enthalten sei. Eine solche Auslegung jenes Antrags ist jedoch deshalb nicht angängig, weil Ulpts in demselben gar nicht genannt ist.

Es fehlt mithin ein Antrag auf Entziehung der Gewerbebefugniss; die Beschwerde war deshalb unzulässig.

Die baaren Auslagen des Verfahrens bleiben ausser Ansatz, weil die Beschwerde vom Reichscommissar eingelegt ist.

162. Spruch des Seeamts zu Emden vom 14. Januar 1882 und Entscheidung des Kaiserlichen Ober-Seeamts vom 26. April 1882, betreffend den Zusammenstoss der Tjalk „Antina" von Holterfehn mit dem Fischerboot Nr. 8 von Norderney.

Der Spruch des Seeamts lautet:

Der Unfall der Tjalk »Antina«, Schiffer Erdwiens von Holterfehn, ist darauf zurückzuführen, dass dieselbe durch das in der Nacht vom 26./27. November 1881 vor ihren Bug getriebene Norderneyer Fischerboot Nr. 8 von ihren Ankern gerissen wurde; das Verhalten des Führers jenes Fischerbootes steht jedoch nicht zur Cognition des Seeamts.

Entscheidungsgründe. Die zu Holterfehn heimathberechtigte, dem Schiffer Wilke Erdwiens daselbst gehörige, nicht registrirte Tjalk »Antina«, welche laut Messbriefes vom 8. Mai 1875 im Jahre 1860 zu Ihlowerfehn erbaut und zu einem Netto-Raumgehalt von 39,1 cbm = 13,90 britischen Register-Tons vermessen ist, ist am 27. November 1881 auf dem Südstrande von Norderney gestrandet. Die »Antina« sollte, nachdem sie eine nach Norderney angebrachte Ladung Busch gelöscht hatte, schon am 25. November leer nach Holterfehn zurückkehren, blieb jedoch des schlechten Wetters wegen liegen und liess der Schiffer bei zunehmendem Sturme am Abend des 26. November den zweiten Anker fallen. Als in der folgenden Nacht die »Antina« mit 30 Faden Kette vor Steuerbordanker lag, trieb ihr das Norderneyer Fischerboot Nr. 8, welches sich ohne Besatzung befand und durch den herrschenden Sturm aus SSW von seinem Anker gerissen war, vor den Bug und gerieth sie in Folge dessen ins Treiben. Um wieder frei zu kommen wurde nun die Steuerbordkette geschlippt und dem Backbordanker 33 Faden Kette gegeben, letztere brach jedoch Morgens zwischen 2 und 3 Uhr und wurde dann die »Antina«, nachdem sie vorher über mehrere Anker getrieben und dadurch leck geworden war, auf den Strand geworfen, ist indessen späterhin wieder abgebracht und befindet sich augenblicklich in Reparatur.

Neben diesem Ergebnisse der Hauptverhandlung ist ferner noch der von der Agentur der hiesigen Seewarte eingegangene Witterungsbericht zu erwähnen, welcher die Angaben der Zeugen über die Witterungsverhältnisse bestätigt und erschien es darnach nicht zweifelhaft, dass der Unfall der »Antina« lediglich durch das Antreiben des erwähnten Fischerbootes veranlasst sei. Diese Auffassung wurde auch seitens des Reichscommissars vertreten, von letzterem jedoch dem Führer des Fischerbootes zum Vorwurf gemacht, dass er sein Fahrzeug ohne alle Aufsicht gelassen und durch dieses pflichtwidrige Verhalten den Unfall der »Antina« verschuldet habe. Zugleich ist darauf der Antrag gestützt, dem Führer des Fischerbootes, Heinrich Onnen Albers in Norderney, die Befugniss zur ferneren Ausübung des Schiffergewerbes zu entziehen; diesem Antrage konnte jedoch aus dem Grunde nicht stattgegeben werden, weil jenes Fischerboot nicht als zu denjenigen Fahrzeugen gehörig anzusehen ist, auf welche das Seeunfallgesetz vom 27. Juli 1877 sich bezieht und daher auch die Vorschriften desselben auf den Führer eines solchen Fischerbootes keine Anwendung finden können.

Denn sind auch den zum Erwerbe durch die Seefahrt bestimmten Schiffen (Kauffahrteischiffen) zufolge §. 2 der Bekanntmachung vom 13. November 1873 über die Registrirung und Bezeichnung der Kauffahrteischiffe (Reichs-Gesetzbl. Seite 367) die zur grossen Seefischerei bestimmten Schiffe zururechnen, so konnte doch letzteren das fragliche Fischerboot schon aus dem Grunde nicht hinzugezählt werden, weil es zum Theil nur mit losen Luken versehen ist und sich eben deshalb nicht für die eigentliche Seefahrt eignet. Auch war daneben zu berücksichtigen, dass der p. Albers den von ihm gemachten Angaben zufolge seinen Fang der Regel nach sofort in Norderney verwerthet und nur in den wenigen Ausnahmefällen, wo dies nicht möglich ist, zu solchem Zwecke einzelne Binnenplätze von ihm aufgesucht zu werden pflegen.

Die Entscheidung des Ober-Seeamts lautet:

dass der Spruch des Königlich preussischen Seeamts zu Emden vom 14. Januar 1882, soweit er sich auf den Schiffer Heinrich Onnen Albers in Norderney bezieht, aufzuheben, dem letzteren die Befugniss zur Ausübung des Schiffergewerbes zu belassen und die baaren Auslagen des Verfahrens ausser Ansatz zu lassen.

Gründe. Das Seeamt hat thatsächlich festgestellt, dass der Seeunfall der »Antina« lediglich durch das Antreiben des Fischerboots Nr. 8 veranlasst worden ist, es hat jedoch angenommen, dass das Verhalten des Führers dieses Boots, des Schiffers Albers, nicht zu seiner Cognition stehe, und es ist deshalb auf den Antrag des Reichscommissars, dem Schiffer Albers die Befugniss zur Ausübung des Schiffergewerbes zu entziehen, nicht eingegangen. Die Beschwerde führt aus, dass sich das Seeamt mit Unrecht in dieser Beziehung für unzuständig erklärt habe, und dass das Verhalten des Schiffers Albers die Entziehung der Gewerbebefugniss rechtfertige.

I. Das Seeamt beruft sich zur Begründung seiner Incompetenz darauf,

1. dass das Fischerboot Nr. 8 nicht zu denjenigen Fahrzeugen gehöre, auf welche das Reichsgesetz über die Untersuchung von Seeunfällen vom 27. Juli 1877 anwendbar sei; denn wenn auch den zum Erwerb durch die Seefahrt bestimmten

Schiffen (Kauffahrteischiffen) nach den Vorschriften über Registrirung und Bezeichnung der Kauffahrteischiffe vom 13. November 1873 §. 2a die zur grossen Seefischerei bestimmten Schiffe beizurechnen seien, so könne doch den letzteren das Fischerboot Nr. 8 schon aus dem Grunde nicht zugezählt werden, weil es zum Theil nur mit losen Luken versehen sei und sich deshalb nicht für die eigentliche Seefahrt eigne.

Aus der Bezugnahme auf die Vorschriften vom 13. November 1873, welche zur Ausführung des Gesetzes, betreffend die Nationalität der Kauffahrteischiffe, vom 25. October 1867 erlassen sind, geht hervor, dass das Seeamt annimmt, unter den Kauffahrteischiffen, deren Unfälle nach dem Gesetz vom 27. Juli 1877 §. 1 der seeamtlichen Untersuchung unterliegen sollen, seien lediglich solche Schiffe zu verstehen, welche nach dem Gesetz vom 25. October 1867 §. 1 unter den Begriff der Kauffahrteischiffe fallen. Diese Annahme entbehrt der Begründung. Denn das Gesetz vom 27. Juli 1877 hat den Begriff der Kauffahrteischiffe in einem weiteren Sinne als das Gesetz vom 25. October 1867 gefasst.

Das erstere Gesetz ist, wie die Motive desselben ergeben, zur Ausführung des Artikels 4 Nr. 7 der Reichsverfassung erlassen. Dieser stellt den Schutz der deutschen Schiffahrt zur See unter die Beaufsichtigung und die Gesetzgebung des Reichs. Das Bedürfniss solchen Schutzes haben alle Seeschiffe ohne Unterschied ihrer Bestimmung. Das Gesetz vom 27. Juli 1877 will denselben durch Feststellung der Ursachen vorgekommener Seeunfälle gewähren, damit auf Beseitigung dieser Ursachen und folgeweise auf Verhütung der Wiederkehr derartiger Unfälle soweit Bedacht genommen werde, als dies im Bereich der Möglichkeit liegt. Dieser Zweck würde nur unvollständig erreicht werden, wenn die Feststellung der Ursachen von Seeunfällen nicht bei allen, sondern nur bei gewissen Gattungen von Seeschiffen einträte. Deshalb hat das Gesetz vom 27. Juli 1877, wie die Motive desselben ergeben, nur eine Art von Seeschiffen von dem seeamtlichen Untersuchungsverfahren ausgeschlossen, und zwar die Kriegsschiffe; es hat dies aber lediglich aus dem Grunde gethan, weil die Verwaltung der Kriegsmarine für ein derartiges Verfahren eigene Organe besitzt. Alle anderen Seeschiffe, welche einen

Seeunfall erleiden, unterliegen nach der Absicht dieses Gesetzes dem seeamtlichen Verfahren; es sind deshalb unter Kauffahrteischiffen im Sinne des Gesetzes vom 27. Juli 1877 alle Seeschiffe mit alleiniger Ausnahme der Kriegsschiffe zu verstehen, so dass auch Zollfahrzeuge, Lustfahrzeuge u. dergl., obwohl sie nicht zu den Kauffahrteischiffen im Sinne des Gesetzes vom 25. October 1867 gehören, Gegenstand einer seeamtlichen Untersuchung werden können, sobald ihnen ein Unfall begegnet.

Dass das Fischerboot Nr. 8 ein Seeschiff ist, unterliegt keinem Zweifel; denn da es zur Insel Norderney gehört, so ist es nothwendig zur Seefahrt und nicht zur Fahrt auf Binnengewässern bestimmt.

2. Das Seeamt stützt seine Incompetenzerklärung ferner darauf, dass das Gesetz vom 27. Juli 1877 keine Anwendung auf den Führer eines Fahrzeuges finden könne, welches den Vorschriften dieses Gesetzes nicht unterworfen sei. Es nimmt damit an, dass ein Schiffer nur in seiner Eigenschaft als Führer eines bestimmten Schiffes nach Massgabe des erwähnten Gesetzes zur Verantwortung gezogen werden könne. Auch diese Auffassung ist unhaltbar.

Das Gesetz vom 27. Juli 1877 §. 26 lässt die Entziehung der Gewerbebefugniss zu, wenn ein Schiffer oder Steuermann einen Seeunfall oder dessen Folgen in Folge des Mangels solcher Eigenschaften verschuldet, welche zur Ausübung seines Gewerbes erforderlich sind. Zur Entziehung der Gewerbebefugniss bedarf es also lediglich der Feststellung, dass der Urheber eines Seeunfalls ein Schiffer oder Steuermann ist, und dass er den Unfall durch den Mangel an den bezeichneten Eigenschaften verschuldet hat. Keineswegs setzt der §. 26 a. a. O. voraus, dass der Schuldige, als er den Unfall herbeiführte, in einem Dienstverhältniss zu einem bestimmten Schiffe stand. Wenn beispielsweise ein Seeschiffer zu einer Zeit, in welcher er sich am Lande ausser Dienst befindet, böswillig bei Nacht durch Anzünden eines Feuers an der Küste ein derselben sich näherndes Schiff zum Stranden bringt, so ist ihm auf Grund des §. 26 a. a. O. die Gewerbebefugniss zu entziehen, obwohl er bei dieser Handlung nicht als Führer eines Schiffes fungirt hat; denn er hat einen Seeunfall durch Mangel an Gewissenhaftigkeit verschuldet. Im vorliegenden Falle kommt es mithin nur darauf an, ob der Schiffer Albers zu den Seeschiffern gehört. Diesen aber muss er beigezählt werden; denn die Bekanntmachung, betreffend die Prüfung der Seeschiffer und Seesteuerleute vom 25. September 1869 §. 1 e rechnet zu den Küstenschiffern, welche auf Grund der Gewerbeordnung vom 21. Juni 1869 §. 31 zu den Seeschiffern gehören, auch die Führer kleiner zur Fischerei dienender Fahrzeuge. Dem Seeamt stand hiernach das Urtheil darüber zu, ob dem Schiffer Albers die Gewerbebefugniss zu entziehen sei und da es sich dieses Urtheils ohne gesetzlichen Grund enthalten hat, so ist der hierauf bezügliche Theil seines Spruches aufzuheben.

II. Durch die Beweisaufnahme erster Instanz ist festgestellt, dass das Fischerboot Nr. 8 in der Nacht vom 26. zum 27. November 1881 bei Norderney durch den Sturm von seinem Anker losgerissen und auf die in der Nähe liegende »Antina« getrieben worden ist, und dass Albers diesen Unfall verschuldet hat, weil er sein Boot in jener Nacht unbewacht gelassen hatte. Diese Versäumung einer Pflicht, auf deren Erfüllung im Interesse der Sicherheit des Seeverkehrs Werth gelegt werden muss, ist zu missbilligen, sie erscheint aber entschuldbar. Denn einmal ist eine regelmässige Bewachung der in der Nähe des Landes unbenutzt liegenden Fischerboote zur Nachtzeit bisher wenig üblich gewesen, und sodann erscheint auch die Angabe des Schiffers Albers glaubhaft, dass er nur durch die Plötzlichkeit, mit welcher der Sturm eingetreten, verhindert worden sei, sich rechtzeitig in sein Boot zu begeben und das Losreissen desselben zu verhüten. Die Gewerbebefugniss ist ihm deshalb zu belassen.

Die baaren Auslagen des Verfahrens bleiben ausser Ansatz, weil die Beschwerde vom Reichscommissar eingelegt ist.

Inhalt (Fortsetzung von Seite 2 des Umschlags.)

FSC
www.fsc.org
MIX
Papier | Fördert
gute Waldnutzung
FSC® C083411

Kolibri 360 GmbH
Ferdinand-Jühlke-Straße 7
99095 Erfurt, Deutschland
produktsicherheit@kolibri360.de